渡部昇一
shoichi watanabe

# 「修養」のすすめ

人間力を高める

致知出版社

# まえがき

いい話というものは自分が意識しないでも影響を受けることがあるものである。最近も自分でもびっくりすることがあった。

昭和二十四（一九四九）年に私は大学に入って上京したが、当時の東京の食糧状況は緊迫していた。大学の寮の夕食に、御飯がまったくなくて、サツマ芋が三本ほどと福神漬だけのこともあったくらいである。私は田舎町の出身である上に、両親の実家が農家であったから、家にいる時は食い物にはあまり不自由しなかった。牛肉のような贅沢品は不自由だったかもしれないが、私の家は一切肉を食べない習慣だったから痛痒《つうよう》を感じない。東京の食糧事情が厳しいことだけはニュースなどでよく知っていた。

それで私が上京することになった時、家族は私の食事のことを心配した。家族の誰かの配給米の分を外食券にして持たしてくれたが、家族みんなの心配は私が東京で栄養失調にでもなり、それがもとで肺病になったら大変だということであった。

そこで私は東京から毎日の日記を送ることにした。大学の授業の話などは関係ないので、もっぱら三度の食事に何を食べたかを書くような簡単なものである。それを何日かまとめて送ったのである。

同じようなことをアメリカで客員教授をしていたころに家内に送った。当時は今のように国際電話は普通でなかったし、もちろんインターネットもなかったからである。

このように家を長く離れている時に、心配する家族に日記を送るのは私自身のアイデアと思っていたが、最近になって、それが子供のころに読んでいた話のためだったことに偶然気がついたのである。それは昭和十四（一九三九）年の『キング』という講談社の雑誌の新年号の附録の小冊子「考えよ！　そして偉くなれ」の中にあった話を私が読んでいたためであったのだ。その話はチェロの巨匠カザルスの青年時代の話である。

カザルスはスペインからパリに音楽修業に出た。ホテルで弾かしてもらったり、公園で弾いたりして生活費の足しにしなければならない貧乏生活であった。郷里では苦労性の母親が息子はパリでどんな生活をしているのか心配しているに違いない。それで手紙の代わりに日記を書き、十日分とか半月分とかまとめて送っていたのであった。

この話を私が読んだのは小学校三年生か四年生の時に違いない。チェロという楽器は見たこともなかったし聞いたこともなく、いわんやカザルスなどについては何も知らなかった。しかし頭の中のどこかに、「長く家を留守する時は、家族に心配させないために日記を送ればよい」ということがひっかかっていたのであろう。カザルスの話などすっかり忘れてしまった後で大学のため上京した時も、また一年ばかりアメリカに行くことになった時も、日記を送るということをやっていたのである。

いい話というのは少年・少女には威力を発揮するのではないだろうか。いな、少年・少女でなくてもいい話は成人にも何かの影響を与えるに違いない。考えてみると私の今日あるのも本を読んで、そこから大切な教訓を得たためである。

そういう実感を抱いていたため、致知出版社の藤尾秀昭社長から、人間学、つまり修養に資するような人の話の連続講義をやってみないかというお誘いを受けた時、喜んでお引き受けしたのであった。ここで取りあげた人々は、すべて私が恩書と言ってもよい本の著者であり、私の受けた恩恵はすこぶる大きい。今、書物の形にしていただき、読書の方にも私の受けた恩恵を少しでも分けてお上げすることができれば幸甚である。ただ最終章の私に関することは藤尾社長のおすすめでくっつけたものであり、お恥ずかしいものであるが、私が恩書から受けた恩恵の跡を少しでも認めていただければ嬉しい。

本書のもとになったプランを提供して下さった藤尾秀昭社長、柳澤まり子専務、テープの原稿起こしや整理をして下さった同社の高井真人氏に感謝申し上げます。

平成二十三年九月　八十一歳の誕生日を一月前にして

渡部昇一

# 「修養」のすすめ

目次

## 第一講　新渡戸稲造の「修養」に学ぶ

## 第二講　スマイルズの「自助論」に学ぶ

## 第三講　アレキス・カレル「人間 この未知なるもの」

第四講

# 野間清治に学ぶ「己を修める生き方」

## 第五講　私の自己修養法

装幀——川上成夫/写真——村越元
本文デザイン——奈良有望/編集協力——田中健

# 第一講

# 新渡戸稲造の「修養」に学ぶ

## 明治・大正の大ベストセラー

新渡戸稲造は、『武士道』で有名になりましたが、明治四十四年、四十九歳の時に『修養』という本を著しています。B5判の大きさで六百二十二ページという大著です。

これをお書きになったころ、新渡戸先生はすでに日本を代表する学者でした。農学博士であり、法学博士、ドイツの哲学博士、そして京都帝国大学および東京帝国大学法学部教授です。

そんな偉い先生が、『実業之日本』という非常に通俗的な雑誌を発行している出版社から普通の「処世の道」を説いた本を出されました。それが『修養』です。先生はこの『修養』以外にも『処世の道』など、意外に知られていないことですが、生き方の術を教える本をたくさん出しています。そのうえ、『実業之日本』に積極的に原稿を提供し、編集顧問もされていました。

当時、先生は第一高等学校（旧制一高＝現東京大学教養部の前身）の校長もしており、人格的にも立派な方でしたから、学生に及ぼす影響力も大きかったことから、何故『実業之日本』のような金儲けにも関係あるような通俗書に、通俗的な話を書いているのかと、轟々たる非難がありました。

それに対して先生は、何故自分は、そうした通俗的なものを書くのか、ということを、以下のような例をあげて説明しています。

先生がお書きになったものの中に「忘却先生という先生の話」という逸話があります。昔、ある有名な漢学者がいました。この人は万巻の書を読み、知識も深く、記憶力もよく、皆に尊敬されていました。しかし、あまり人に教えようとしませんでした。ところが、そのうち先生もやはり年を取り、だんだん呆けてきたのです。すると読んだ本も忘れ、考えたことも忘れ、最終的には知人の顔も忘れて亡くなりました。そこで、その人が学んだ学問とはいったい何だったのだろうか、と新渡戸先生は言います。だから、通俗であろうが何であろうが、当時の職業として低いものの代表だった車引きの人でもわかる形で、今自分が考えていることや人生の話を、できるだけ多くの人に伝え、残していきたい。それ故に、通俗的といわれる多くの人が手にとる本に掲載したのです、とおっしゃっておられます。

こうして、周囲の非難にもかかわらず先生は、同様の本を何冊も書き、これが国民の共感を呼び、ベストセラーになりました。

私が持っている『修養』は、初版十一刷です。最初に印刷された初版一刷が発売されたのが明治四十四年九月三日です。私が手に入れた十一刷は十一月八日発行ですから、わずか二か月で十一版、増刷したことになります。いかに先生の本が、大衆から歓迎されたかがわかります。

先生がこの本の中で言っていることで、今の日本ではかなり「常識」になっていることが、いくつもありますが、それは初めから常識だったのではなくて、この本を皆が読んだから、いつの間にか日本の常識になったというものが、相当含まれていると思っています。

## 札幌農学校でキリスト教に入信

新渡戸先生は、岩手県盛岡の出身で、代々、南部藩に仕える武家の出身です。先生の家は三代にわたって僻地に飛ばされたり、禄を召し上げられたりした家系でした。その理由は、いずれも殿様への意見の具申が意に沿わなかったり、藩の方針と合わなかったりした結果で、新渡戸先生は一つも恥ずかしいことはなかったと言っています。

中でも先生のお父上は、いったんは切腹を命じられたほどで、後に蟄居《ちっきょ》閉門に減刑されたらしいのですが、失意のうちに病没したと言われています。そのため、決して裕福とは言えず、先生も養子に出されています。先生が新渡戸家を継いだのはかなり後で、先生の長兄が亡くなってからです。

ともかく、小さい時から頭の良さは抜群で、上京して東大予備門の前身である東京外国語学校に入り、修了後、札幌農業学校（現・北海道大学）に二期生として入学しています。有名なクラーク博士とは入れ違いになってしまいますが、同博士の影響で一期生はほとんどがキリスト教に入信。先生も、東京外国語学校の同級生で、日本におけるキリスト教布教の先駆者でもある内村鑑三らと一緒に洗礼を受けています。活発な少年だったため「アクティブ」というあだ名で呼ばれたこともあったそうですが、読書に打ち込むようになると、「あいつは本ばっかり読んでいて修道僧みたいなやつだ」ということから「モンク」と言われるようになったといいます。非常な読書家でした。

## 苦しんで工夫したことは、後々、必ずプラスになる

そのうちお母さんを亡くされたこともあって、先生は人生に悩みノイローゼになってしまいます。ちょうどその時、たまたま図書室にあったアメリカの雑誌に、カーライルという人のことが書いてありました。その記事を読んで先生は「この人は自分の悩みをわかっている」と感じたそうです。そこでカーライルの本を探して上京でし

ていますが、どこにもなく、諦めかけた時、自分に洗礼を授けてくださった牧師がアメリカへ帰ることになり、余分な蔵書を処分した中に、カーライルの『サーター・リザータス』（後の邦訳のタイトルは『衣装の哲学』）の英語版を発見。これを譲り受けて、先生は繰り返し読んだといいます。その数は生涯の間に三十回以上に及び、本がボロボロになったので二度装丁し直したと語っています。徹底的に読み込みました。

カーライルは、スコットランド出身で、十九世紀の半ばにドイツの文明・文化思想をイギリスに持ち込んだ人と言われています。その思想は「人の外見を全部剥ぎ取って考えたらどうなるか？　それは結局、自分の魂である」という考えです。そのため『衣装の哲学』と呼ばれています。

迫力のある独特な文章で、実にドイツ語みたいな英語で書かれ、「カーライルは意味の深い素晴らしいことを言っているが、英語の教科書には載せることのできない文章だ」と昔から言われています。しかし新渡戸先生はそれを徹底的に読みました。

カーライルの日本における最初の導入者と言われています。

『衣装の哲学』以外で、カーライルの有名な著作に『英雄と英雄崇拝論』という本があります。これは十九世紀の英雄論としては突出して優れたものです。

こうしてカーライルによって救われた先生は、札幌農業学校を卒業すると、農業関係の官吏《かんり》になります。しかし、どうしても農業に自分が合わないことに気づき、上京して東京大学（後に東京帝国大学と改称）に入り直し、今度は統計学、経済学、英文学を学びます。

この時「自分は一度、学校を卒業した身だから、学費は一切どこからも援助を受けない」として、アルバイトをしながら苦学して東大で勉強した状況も、この『修養』には書かれています。

それによると、当時、外山正一という人の講義を聴く時、外山先生はスペンサーの本を使われた。その本は当時のお金で四、五円してとても購入できない。そこで新渡戸先生は毎日、図書館に通い、次の授業分を写し取ったと言っています。先生は後に日本を代表する英文の大家になりますが、スペンサーの本を写して授業に出席したわけですから、単に読んだ人とはぜんぜん上達のスピードが違います。

そのため先生は「苦しんで工夫したことは、後々、必ずプラスになる」という主旨のことをいろいろ例をあげて述べています。

## わかりやすい実例で教訓を紹介

また、農業学校卒業後、進路を変更した体験から「人生の志望は自分に向いた道を行くのが一番いいのではないか」という結論を、『修養』の中で書いています。

新渡戸家は明治維新後に、今で言えば青森県南部の未開地を開拓して成功した農家の一軒です。そのため、明治天皇が東北を巡幸された時に新渡戸家に立ち寄られ、「よくやった」とお声をかけられました。当時、子供であった新渡戸先生は、こうした経験もあって、将来、農学を志したと言われています。

ところが実際に農業に携わってみると、だんだん自分には向いていないことが、実感としてわかってきました。そこで農業を志すなら、私は農業経済や農業史、農業法を学ぶほうに向いている、と悟り、東大に入り直したのです。その結果、農学博士になった後に法学博士となり、京都帝大や東京帝大の法学部教授の道が開いていきます。

こうした体験から先生は、「自分に向いたものが見つかったら、志は迷うことなくそちらに向けるべきだ」という結論を述べているわけです。


私はたまたま新渡戸先生の適性が、農業そのものよりも、農業経済学とか、それにまつわる法律とか、植民地政策などに向いていたからこそ、普通の農業では合わないと感じたのではないかと思います。新渡戸先生の選択は最適だったと思います。

先生も「適性のないものを無理矢理やらせても、ろくなことにはならない」と、『修養』の中でも例をあげています。

例えば、こういう例があります。新渡戸家に居候していたある男が、学校の先生になりたいと試験を受けるのですが、何度受けても落ちる。そこで、農業の実務学校に入学させたら才能が開花し、成功して最後は貴族院議員になったそうです。

また、牧師になった人が、どうしても人気が出ない。プロテスタントの牧師というのは人気がないと布教活動もうまくいきません。カトリックの場合は、説教が下手でもミサさえあげておれば、説教はしなくてもいいのですが、プロテスタントの場合は、説教の力で信者を拡大していきます。明治のころに日本に来たキリスト教は、ほとんどがプロテスタントですから、人気が出ないというのは牧師にとって致命的です。そこで牧師の道を諦めて、商売を始めたら、非常な才能を発揮して大実業家になった例もあげています。

このように、『修養』が取り上げている実例は皆、新渡戸先生の周辺に起こった通俗的な話です。とても当時の帝大教授が書くような本ではありませんでした。しかし日本の多くの読者には非常に人気があったのです。

## 国際連盟・初代事務次長に就任した国際派

先生はその後、東大の授業に飽きたらず、アメリカに留学してジョンズ・ホプキンス大学というハイレベルな大学を卒業し、さらにドイツに渡り、ボン、ベルリン、ライプチヒと巡って哲学の博士号を取得します。論文のテーマは「日本の土地制度論」。ヨーロッパに渡って博士論文を書くほどの知識を持ち合わせている日本人は、当時、誰もいませんでした。

その後、台湾の植民政策に携わり、第一高等学校長や東京女子大学の初代学長を務めた後、第一次世界大戦を経て一九二〇（大正九）年に発足したばかりの国際連盟事務次長に就任します。この時の国際連盟は、事務局長がイギリス人で、その次席が事務次長ですからきわめて高い地位でした。しかも当時の国際連盟は、参加国が大国ばかりですから、それを取り仕切る役職に着いたということは、日本人として国際的な地位を得た最初の人だったと思います。

しかし一九二六（大正十五）年に国際連盟事務次長を退任し、時代が昭和に入ると、世界情勢は風雲急を告げてきます。なかでも満洲を巡ってアメリカと日本が対立すると、これを何とか解決しようと太平洋会議を開き、世界中の非難を浴びながらも満洲国を弁護しています。

ところが日本に帰国すると、アメリカ留学中に結婚した妻のメアリーがアメリカ人というだけで批判にさらされました。こうした国内外双方の非難の中、一九三三（昭和八）年にカナダで開かれた第五回太平洋会議に日本代表団の団長として出席された先生は、会議終了後に倒れられ、帰らぬ人となりました。享年七十一。先生としては何とか日米関係を良好なものにしようとして努力されたのですが、残念ながら途中で亡くなられました。もし生きておられたら、少なくとも支那事変が、その後の長期戦争につながることはなかったのではないかと思います。アメリカに言うことを聞かせる力がある人でした。

## 「修養」は、いざという時に役に立つ

新渡戸先生は、「修養」の意味をこう説いています。修養の「修」は、修身すなわち身を修めること。身を修めるとは欲望や散漫な心を抑え、自分に勝つことである。また、修養の「養」は、養う意味で、心を豊かにしていくことである、と定義してい

ます。

そして「修養」した人としない人の違いも述べています。「修養」は、やってもやらなくても、普通はあまりわからない。いいご馳走を食べさせた羊と、普通の餌を与えた羊とでは、見た目に変わりはない。ところがいざ肉にしてみる、毛を刈ってみると、その差は歴然としてくる。いいご馳走を食べた羊の肉は美味しい、毛の質もいい。人間も同じ。その人の価値は、ちょっと見ではわからない。いざという時を見なければわからない、と新渡戸先生は言います。

私にこの『修養』を読むことを勧めた先生は、幸田露伴の価値も教えてくれた先生ですが、一冊の著書もありません。そのため大学では、それほど重んじられなかった、という印象の方でした。しかし、生徒が遊びに行くと先生の読んだこと考えたこと、この本は良かったとか、悪かったとか、幸田露伴を読まなければいけないなど、さまざまなことを教えていただきました。従って、今、新渡戸先生の本を元にして考えると、あの先生は忘却先生の対極にいらした方だと思います。

反対に高名な学者でも、まったく学生を近づけない方もいました。哲学の先生です。すごい秀才だという方もいましたが、結局、いつの間にか消えてしまわれました。本当の忘却先生でした。

新渡戸先生の本は、教科書に比べたらとてもやさしく書いてあるので、どんどん読めます。

その時、記憶に残った言葉は、「修養した、しないというのは、何か起こった時にしかわからない」。だから普段の修行を怠るな、ということだと思いますが、とても印象深く、何か起こった時でもジタバタしないようにしたいものだと思いました。

今から三、四十年前の一九七〇年代、中国では毛沢東の文化大革命が吹き荒れ、日本でもその影響を受けた学生運動が盛んだった時です。なかでも、その背後にあって日本中を震え上がらせていたのが部落解放運動でした。

私も書いたものの揚げ足をとられて学校に押しかけられたことがあります。

そのころは、いわゆる大学紛争が終わって、大学自体は平穏になってきたころです。十人ぐらいがいきなり教室に入ってきました。その時、私は多分、突然のことで顔が青ざめていたのではないかと思いますが、すぐに新渡戸先生の「修養した、しないというのは、何か起こった時にしかわからない。修養では、あっ、ここだなというところが重要なのだ」という言葉を思い出しました。今が、その時だ、と思ったのです。

彼らは、夏休みをはさんで六か月間、私の授業のある時間は、毎回押しかけ抗議行動を続けました。

## 意見を異にする団体との対決六か月

あのころの部落解放運動は、彼らにとって不都合なことを言ったり、書いたりした人間のもとに集団で押しかけ謝罪を要求するものでした。そこでいったん謝罪すると、次はその人間を雇っている組織が悪いということになり、部落解放に関する教育を受けなおせ、と、自ら主催する講習会に職員全員の参加を強要するのです。講習会への参加費用は、もちろん押しかけられた側が負担します。

私は、書いたものに誤りはないと自信を持っていましたから謝りません。するとまた次の授業時間に押しかけてくるのです。そこで、毎回二十分ぐらい睨み合いが続き、埒《らち》があかないとわかると、いったん引き揚げ、次の授業時間にまた押しかけるのです。

そんなことが二、三か月続くと、さすがに私の授業を受けに来ている学生が怒りました。押しかけた連中に「出て行け！」と言ってくれたのです。するとさすがに連中も、授業妨害をこれ以上続けるのはまずいと思ったのでしょう。出て行きました。

そして彼らと協定を結びました。「文句があるなら、全部文書にして持ってきてくれ。私もそれに誠実に文書で答える。そして、その原本は第三者に預ける」というものです。ただし彼らは、質問項目は「立て看板」で公開するというので、そこに私の回答も一字一句削らずに載せてくれ、と要求したら、同意してくれました。

結果は、内容からいって私の勝ちです。こうして第一波は夏休み前に消えました。ところが、夏休みが終わったら再び、全部メンバーを変えて押しかけてきたのです。

また文書の交換を繰り返し、彼らの抗議が完全に消えたのは六か月後のことでした。一言も訂正せず一言も謝らずに、先方が退いた最初の例になったそうです。

その後、大学の事務局には、他の大学からどのようにして克服したのか、という問い合わせが相次ぎ、職員が講習会の講師になって出かけて行ったようです。

簡単です。どんなに怖くても、自分が悪くなかったらやられている当人が絶対に謝らないことです。謝まったら負けです。その時のことで、私は今でも自慢していることがあります。それは、亭主が昼間、こうした凶悪な団体に襲われていることを、家庭では最後まで気づかせなかったことです。

これは新渡戸先生のおっしゃる通りでした。修養を心掛けている人間と、そうでない人間では、不当な抗議に屈するか、屈しないか、大きな差が出たのです。

人生、こうした、まさかのことが、いつ起こるかわかりませんので、その時ジタバタしない心掛けの重要性を、私は新渡戸先生に教わりました。

修養した、しないというのは、
何か起こった時にしかわからない。
修養では、あっ、ここだな
というところが重要なのだ。

## 「恐れ」の克服が私の修養テーマ

ちなみに、「ここだな」という時の心掛けの元にしたのは、少年時代に読んだ佐藤紅緑（作家・佐藤愛子さんのお父上）の英雄譚でした。

佐藤紅緑は私の少年時代、『少年讃歌』『少年連盟』『街の太陽』など、私たちを励ますような小説を、たくさん書いてくれました。

そうした中で紅緑は、「豊臣秀吉の一生を見ると、この人は恐れというものがなかったように思える。どんな困難な時でも恐怖という観念を克服している。恐怖の観念にかられているということがない。だから信長死後の非常時でも、発想は常に前向きである」というような主旨のことを実にうまく表現しているのです。「あぁそうか」と思いました。そして、恐怖心なく生きられたら、こんなに素晴らしいことはない、とも考えました。

恐怖心と言っても、運転の下手な人の車に乗って恐いというような恐怖心はあったほうがいいと思いますが、いわゆる「恐れ」は克服しなければならない、というのが、私の修養のテーマでしたから、新渡戸先生の『修養』との出会いは、私に、その克服方法を示唆してくれたのです。

似たような体験はその後も起こりました。今でこそ北朝鮮や韓国を皆、平気で批判していますが、二十年ほど前までは、恐い存在でした。私も随分、血書の手紙や剃刀入りの脅迫状をもらいました。日時まで明記して家を爆破するという脅しもありました。家の者が心配して、夜の散歩に長男が棒を持ってついてきた時期もあります。当時、北朝鮮を真正面から批判できた人間は数少なく、今では私の勲章になっています。

こうした暴力に一度でも屈すると、その後、ものは書けません。

私が幸いにして、何度かの危機に遭遇しても克服できたのは「修養」のおかげだと思っています。

## 「続けること」が何より大切

また、新渡戸先生は「続けること」の重要さを指摘しています。先生は「勉強するためには体が丈夫でなければならない」として冷水浴を推奨。毎朝、水をかぶることをなさったそうです。

私は大学に入った時、一年目は毎日朝五時十五分前に起きて水をかぶっていました。しかし、当初から一年間の目標でやっていましたから、そこで終わりにしましたが、新渡戸先生は、『修養』をお書きになった時から少なくとも二十年近く、一日も休まずに水をかぶっています。特に北海道にいた時は、水をかぶると湯気がもうもうと上がったと言っています。

毎日、水をかぶれば勇気が湧き、やる気も出てきます。以前、百歳で参加したゴルフ・コンペで一等になった塩谷信男先生にお会いした時のこと。塩谷先生も毎日、水をかぶっているとおっしゃっていました。今は「年寄りの冷水」にならぬよう、乾布摩擦を毎朝やっています。風呂からあがった時は冬でも冷水シャワーを浴びています。

最近は納税番付を発表しなくなりましたが、しばらく前に、日本一の多額納税者として話題になった斎藤一人という人がいます。彼は中学しか出ていませんが、『斎藤一人の絶対成功する千回の法則』という著作があります。千回というと、一日一回として、約三年です。何をやるかというと、非常に簡単なことです。「ありがたい」という言葉を千回、口にすることでもいい。あるいは、「やればできる」「やらなきゃできるはずがない」などの言葉を千回言っていれば、千回目には自分を取り巻く環境が変わっている、と述べています。

また、私の知人で、関西で土建業をされている方ですが、千回、水垢離《みずごり》を続けたら奇跡が起こったといいます。阪神淡路大震災で、自分の会社が建てたビルが一つも潰れませんでした。これは偶然かもしれませんし、手抜き工事をしなかったから潰れなかったのかもしれませんが、理由はともかく、やはり千回続けるというのは意味があるのです。新渡戸先生は千回とは言っていませんが、とにかく続けなければ駄目だ言っています。

## 家康の教訓は順境を生きる子孫のための教え

さらに新渡戸先生は、さまざまな教訓に対する感想を述べています。面白いので紹介しましょう。

例えば有名な教訓で、徳川家康の次のような教訓があります。

「人の一生は重荷を負うて遠き道を行くが如し、急ぐべからず。不自由を常と思えば不足なし。心に望み起こらば、困窮したるときを思い出すべし。堪忍は無事長久の基、怒りは敵と思え、勝つことばかり知りて負くることを知らざれば、害その身に至たる。己を責めて人を責めるな。及ばざるは過たるより勝れり」

これは家康自身が書いたのではないという説もありますが、家康の言葉として伝えられています。含蓄のある言葉ですが、一方で、我慢しろと言うだけで積極性がないという人もいます。

しかし新渡戸先生に言わせると、これは徳川家康が七十年近く戦い抜いて徳川幕府をつくり、完全に安泰で順境に入ってからの教えだと言うのです。従って、順境に入ったらこういう心構えでないといけないと解釈しています。

私は、これは非常に優れた解釈だと思います。

若いころの家康は家来たちも参るほど無茶をする人でした。例えば、上洛する武田信玄の大軍と三方ヶ原で戦い、惨敗を喫する有名な戦いがあります。この場合、武田軍は京を目指しており、家康としては、いくつか支城を落とされ領地の一部を奪われても、本城である浜松城を守ることに専念し、通過させるのが得策でした。実際、当初の作戦は浜松城での籠城《ろうじょう》だったのです。

ところが家康は、武田軍が浜松を通り越して少し離れた三方ヶ原に陣を張ると、突如、積極攻勢策に転じ、武田軍の半分の兵力であるにもかかわらず、武田軍を追撃したのです。しかし、多勢に無勢。三方ヶ原で待ち構える武田軍に大敗してしまいます。それでも家康は、最後まで部下に突入を命じ、家来たちが無理やり引き返させたといいます。

また、今川義元が尾張を攻めた時も先頭に立って、織田方の大高城を攻め落としています。大将の今川義元が桶狭間で殺されたので、奪った大高城から退却しますが、とにかく一度は先鋒を担って城を占領しています。

家康は生涯にわたって、戦争に対しては躊躇しないところがありました。教訓にあるような我慢ばかりでは、偉大な大将にはなれなかったのです。

小牧・長久手の戦いも同じです。明智光秀を討ち、さらに柴田勝家を討って、秀吉が次の天下人だと皆がわかった時に、転がり込んできた信長の子供を助けて、秀吉と堂々と戦うのですから。これは一見、天下人に戦いを挑む無謀な挑戦でした。だからこそ、荒くれ大名たちも徳川家康に一目置いたのです。当時の武士はおとなしい武将に一目も二目も置きません。無茶苦茶さと戦争のうまさで、皆から一目置かれたのです。

そしていよいよ天下を取った後は、先ほどの教えです。「堪忍は無事長久の基」、「勝つことばかり知りて負くることを知らざれば」とありますが、これは家康自身も若いころは守ることができなかった教えです。

しかし、順境を生きる子孫には有効です。徳川家の子孫は戦争する必要がありません。戦争する必要のない人に、こういう教えを残したのだと、新渡戸先生は解釈しておられます。これは納得ですね。

## 「貯蓄は文明である」――さまざまな「貯金」の勧め

新渡戸先生は「貯金」も非常に重視しています。何を貯えるかというと、お金、エネルギー、知識を貯える。この貯えのないところはいつまでたっても野蛮であり、貯えこそ文明なのだということを縷々《るる》述べています。学者が貯金の話をするのは当時でも今でも、あまり好ましくないと思われるのが常ですが、先生はそれが重要だと言っています。

例えば、「数学」を取り上げてみても、戦前のアフリカは非常に程度が低い。何故程度が低いかと言うと、数学というものの貯えがないからです。先祖で数学をやった人がいないからなのです。西ヨーロッパに数学があるのは、ギリシャ人が数学を確立し、エジプトで発展し、それが貯えられてきているからです。

日本も江戸時代の中期ごろから非常に高度な数学が発達します。いわゆる和算です。そのため、日本が開国した時、あらゆる学科について外国人教師を雇ったのですが、たった一つ外国人教師では駄目なものがありました。それが数学です。日本に来る程度の外国人では、日本人に数学を教えられなかったのです。微分積分まで行うなど、あまりにも和算の程度が高かったのです。

だからこそ日本は、有色人種で唯一、西洋文明をすぐに消化できたのです。数学なら数学という貯金＝蓄積があったからです。

医学の分野でも、すぐにノーベル賞候補になるような人物を輩出しています。当時はまだ人種差別があって、有色人種が科学分野で受賞することは困難でしたが、当時の水準から考えて、野口英世も北里柴三郎もノーベル賞級の実績を残して候補にもなっています。これは蘭学をベースにした知識の蓄積があったからです。

もちろん、お金の貯金もあって、これがない国は外国から侵略されました。西洋と戦うための武器が持てるくらいの富がなければ、植民地になることは仕方のない時代でした。

富の蓄積の大切さは、明治維新が教えてくれます。当時、富を圧倒的に所有していたのは徳川幕府でした。ところが、何故、長州、薩摩、鍋島藩などが中心になって倒幕軍を起こせたかと言うと、壱岐、対馬を通じて長州藩は朝鮮との密輸入で儲けていたからです。朝鮮人参などを買い、俵物と言われるサザエやアワビを売って利益を得ていました。

薩摩藩は、沖縄や奄美大島を征服して砂糖を生産して富を蓄積しました。当時は、砂糖は貴重品でした。鍋島藩は陶器です。オランダに陶器を売って儲けていました。

戦争には鉄砲が必要でしたが、普通の藩ではお金がなくて新しい鉄砲は買えませんでした。かろうじて買えたのは、前述した三藩以外では、私の郷里の庄内藩です。酒田に本間家という大金持ちがあります。最上川河口から紅花や米、さらに北前船が運ぶ北海道の物産を売りさばいて、藩主をしのぐほどの大金持ちになりました。その本間家があったから鉄砲が買えたのです。庄内藩は幕府のために最後まで戦って負けないうちに降参した唯一の藩です。

さらに新潟の長岡藩も最新の兵器を揃えました。長岡藩は米所で、河井継之助という偉い家老が無理をして武器を調えました。残りは長州薩摩連合軍と戦えるだけの武器を持っている藩はなかったのです。

薩長軍と幕府が戦った鳥羽・伏見の戦いも、幕府のほうが兵の数は多かったのに負けた最大の理由は、武器の差でした。事が起こるまでに薩摩は、イギリスを通じて新式の鉄砲を買っていたのです。これは、鉄砲にしても大砲にしても、世代が違うと、射程距離が大きく違いました。だから鳥羽・伏見の戦いも、彰義隊が戦った上野の山の戦いも、長州・薩摩の鉄砲は幕府方に届くのに、幕府の鉄砲は届かなかったのです。

このように、富の蓄積がなければ、近代国家は成り立ちません。だから新渡戸先生は「貯蓄は文明だ」と言うわけです。世界中を見て来た新渡戸先生は、このことをよくご存知でした。こういう方が上にいたら、日本も無謀な軍拡競争に走ることもなかったでしょう。新渡戸先生は、一般庶民に対して、貯金の大切さを、繰り返し『修養』でも強調しています。

さらに、健康の貯蓄というのもあります。「健康も大切に使わなくてはいかん。健康だからといっていい気になると酷い目に遭うぞ」と、警告しています。知り合いで歯の丈夫な実業家がいたそうです。石でも噛めると言って石を噛んでは自慢していた男が、しばらくぶりで会ったら総入れ歯になっていたそうです。軍人の学校に行くので、鍛えなくてはならない、と、いつも薄着をして震えていた男がついに病気になり、受験を諦めたなどの例をあげ、「鍛えることは身体の健康を大切にしないことではない」と説いています。

酒の飲みすぎも諫《いさ》めています。

曽野綾子さんのエッセイにもありました。曽野さんが小説界にデビューした当時は、飲助が多かったそうです。徹夜で飲むなんて平気。ところが振り返ってみると自分の亭主以外はたいてい死んでいる、と書いてありました。


先日も、旧制中学校の同窓会があり、出席したのですが、出席者と死亡者の数が同じでした。また、欠席者の多くは寝て動けないという断り書きが多いのです。また驚くべきことに、若い時にものすごく丈夫だった者が早く死んでいるのです。若い時から丈夫だと油断したのではないでしょうか。一病息災と言いますが、おそらく病気があったほうが体をいたわるから、いいのではないかなと思います。

もちろん知識の蓄積は当然のことです。その蓄積がなければ文明も何もないことはわかりきったことです。

このようにこの本は日常的なことに及んで、ものの本質を突いた言葉が並んでいます。

## 「黙想」で人生を開く

それからこの本の特徴として「黙想」ということを非常に重視しています。先生がアメリカへ留学した時、ある教会の前を通りかかったので、物珍しいから入ってみたのです。すると教会内に物音がせず皆、沈黙しているのです。不思議に思ってしばらくいると、一人の男が立ってスピーチを始めました。しかし、そのスピーチも数分で終わり、再び沈黙の時が訪れました。これは先生にとって、それまでに見たことのない教会の風景でした。後で聞くと、そこはクエーカー教徒の教会だったのです。

クエーカー教徒は「黙想」をものすごく重んずる宗派のようです。黙想をしているうちに、人によっては体が震えだしたりもするので「震える人」というあだ名が付けられているほどです。

先生は、これに非常にうたれました。というのは、クエーカーは、これをしろ、あれをしろなど、余計なことは教えずに、「黙想をしろ」とだけ教えています。そこで、先生はメソジストからクエーカー教徒に変わります。そして終生、クエーカー教徒だったようです。

『修養』の中でも、日本が如何に「黙想」しにくい国であるかを述べています。朝から人が押しかけてくる。当時アポイントメントをとる習慣は日本にはありませんでしたから、いきなり押しかけてくるわけです。これなどは、今はその風習はなくなりましたから、先生の本が一つの方向性を示したといえるかもしれません。

また、ヨーロッパでは三年後の何月何日に遊びに来い、というようなスケジュールを大切にすることを紹介して、日本人もスケジュールを持って生活しなければいけない、とも述べています。

これは今は確かに違ってきました。事前のアポイントがないから会いませんと言って失礼ではなくなりました。しかし私は田舎で育ちましたから、他人の家でも平気で入り込んでくる感覚はわかります。私は子供のころ、こうしたプライバシーがない環境が嫌でした。先生が生きていたころの東京も、私の田舎と大して変わらなかったでしょう。訪問して何が悪いのだという感じで、どこでも押しかけて行く。これでは黙想する時間がないのもわかります。

ここで先生はカーライルの言葉を引用しています。

「蜜蜂は暗いところでなければ蜜をつくらない。同じように人間は沈黙している時しかアイディア（思想）は湧かない」

私は大学で寮生活をしました。仕切りがカーテン一枚のプライバシーのまったくない生活でした。中でも私を悩ませたのが、ラジオの音でした。ラジオはみんなに聞かせるようにできていますから、普通の話し声よりも気が散るのです。だから「静かにしてくれ」と言うと、止めたりするのですが、そのうち向こうも「聞きたくない権利もあるけど、聞きたい権利もある」と反撃してきました。

当時の風潮としては、聞きたい権利があると言ったほうが強い。一番困ったのは土曜日の午後や日曜日の朝。ゆっくり本を読みたいと思ってもラジオが鳴っていてゆっくりできない。だから学校に出かけて教室で本を読んでいました。折角自分の部屋があるのに。

そうした中、私はドイツに留学しました。ドイツの寮は同じ敗戦国とは思えないセントラルヒーティング付きでした。その代わり廊下で少し大きい声で話をしても、戸が開いてすぐ叱られるのです。だから一日中、静かで快適でした。

私の先輩で私の留学直前に帰って来られた哲学の先生が『静かなドイツ』という本をお書きになったのですが、なるほどドイツは静かでした。

その後、滞在したイギリスも大学の周りは静寂そのものでした。そして、日本はうるさい国だということを帰国してからまた実感するわけです。

そのうち、とても普通の下宿には住めないと思って、私は図書館に住まわせてもらうことになります。ここは快適でした。いつまでもいたかったのですが、図書館に住みながら結婚するわけにいきませんので、未練を残しながら「普通の家」に引っ越しました。

そうしたら近年、若い哲学者が、やかましい日本について書いた本を出版されて話題となりました。ドイツ暮らしから帰国してみると日本という国は、うるさくて、とても我慢できない、というような主旨のことを書かれていて、私と同じ感想を持ったのだと嬉しくなりました。

彼は、うるさいと、どこにでも押しかけて行きます。電車の車内放送や構内放送は不要だ、と鉄道会社とトラブルになったこともあるというのです。近所の商店街には、しばしば「やかましい」と怒鳴り込んでいたようです。本を出版してからは「だいぶ静かになった」と言っていましたが、日本がやかましい国であることは間違いありません。

私がドイツから帰ってきたころです。今から数十年前ですが、学生を連れて富士五湖で一週間ほど合宿したことがありました。ところが、朝から櫓《やぐら》を組んだ所から歌謡曲が流れるのです。これは一日中止むことがありません。私は音源を捜して抗議したのですが、相手は商売をしているから止めるわけにはいかない、というのです。仕方がないので、合宿はそのまま続行することにしましたが、そこには二度と行くことはありませんでした。

近年は、行楽地もだいぶ静かになって、歌謡曲を大音量で流すことはなくなったようですが、これは「静かなところは静かにしよう」という意識が一般化したのでしょう。

新渡戸先生が『修養』で指摘された問題が、今の日本では大幅に解決されていることも多いのですが、これも先生のご指摘が世の中の常識をつくった証ではないかと思っています。

黙想は私も短い時間ですが、日々の生活の中に取り入れています。新渡戸先生は「肉体に食べものが必要なように、精神も食物が必要だ」といっています。精神の食べ物とは黙想のことですが、先生のいう通り、忙しくなればなるほど、人間は黙想する時間が必要だと思います。

最後に修養に関する先生の言葉を紹介しておきたいと思います。

「いかに貧乏しても、心のうちには満足し、
いかに逆境に陥ってもそのうちに幸福を感じ、
感謝の念を持って世を渡ろうとする。
それが僕のここに説かんとする修養法の目的である」

第二講

# スマイルズの「自助論」に学ぶ

## 「天は自ら助くる者を助く」

サミュエル・スマイルズが著した『自助論』、原題は『セルフ・ヘルプ』という本があります。幕府の昌平黌《しょうへいこう》が始まって以来の秀才といわれた中村正直によって、この本は『西国立志編』と訳され、明治初年に出版、大ベストセラーになった本です。「セルフ・ヘルプ」――つまり「天は自ら助くる者を助く」という諺に象徴される自助努力や工夫の大切さを説き、自助努力の先には必ず成功が待っていることを示しました。明治維新によって、それまでの身分制度はなくなり、すべては自分の努力次第ということになった。そういう時代背景があって、この本をベストセラーにしたのだと思います。

著者のスマイルズは、十九世紀初めにナポレオンの侵攻をイギリスが阻止した「ナポレオン戦争」の最中に、スコットランド・エジンバラ近くのハリントンという町で、十一人兄弟の長男として生まれました。ところが、スマイルズがエジンバラ大学の医学部に在学中に父親が亡くなります。一番下の子供はまだ生まれて三か月でした。彼は家族を助けるため学校を辞めて仕事に就こうとします。しかし彼のお母さんは賢明な人でした。スマイルズに「辞めないで頑張りなさい」と諭し、そのおかげでスマイルズは医学部を卒業することができました。

ところが、スマイルズが卒業した当時のイギリスは、医者余りの状態になっていました。ナポレオン戦争が十数年も続いたため、その間、負傷した兵士を治療するためにたくさんの外科医が必要でしたが、戦争が終わった今、患者数は減り、医者だけではとても食べていけない状況になっていたのです。スマイルズもご多分にもれず、学校で化学を教えたり、新聞に寄稿したりして食いつなぎますが、やがて物書きの仕事のほうへ徐々に比重が移っていきました。

ナポレオン戦争に勝利したイギリスは、このころ最隆盛期を迎えていました。もはや世界に敵なしで、現代で言えば少し前のアメリカと似ています。他のヨーロッパ諸国は戦争に勝ったといっても、相当、国土を踏み荒らされました。しかしイギリスの損害は軽微で、いわゆる一人勝ち状態です。しかも広大な植民地が世界中に広がっており、さらにイギリス海軍が世界の海の絶対的な支配権を持ったわけですから、恐いものはありません。当時のことですから正確な統計ではありませんが、イギリスの工業生産額は世界の六割を占めていたと言われています。

そうした時代に新聞や雑誌に原稿を書いていたスマイルズは、いろいろ面白い体験をします。例えば、ちょうど鉄道が敷かれ始めるころですが、蒸気機関車の発明者であるスチーブンソンのことをよく知るようになったスマイルズは、『スチーブンソン伝』を書きます。スチーブンソンが、どのような苦労を重ね、困難を克服してイギリスに最初の鉄道を走らせたかを、フィクションをまじえずに親しみのある文章で紹介すると、たちまち大変な人気本になりました。

また彼が、もっと小さい発明をした人や、事業を興した人を取材して、それを新聞に紹介すると、読者からもっと書けという注文が殺到しました。依頼を受けて行った講演会にも、そうした話を聞きたい人々が殺到しました。そして実際に彼の話を聞くことによって、いわゆる労働者階級から中産階級に参入する人が増えていったのです。身分制社会のイギリスでは、これは革命的なことでした。

イギリスの身分制度の最上位は貴族です。この貴族は大昔から存在していました。次に貴族の下にアッパーミドルという階層があります。大地主や高位聖職者がこれに当たります。その下はローアミドルと呼ばれました。「下」を表すローという名称がついていますが、決して下層階級ではなく、商人の家は金持ちでもローアミドルと呼ばれていました。イギリスではここまでが「ジェントルマン」の身分で、総人口の四割を占めました。

一方、残りの六割を占めたのがワーキングクラス（労働者階級）です。このワーキングクラスの人々に彼は、小さな発明や起業家を紹介することで、ミドルクラスに入れることを彼は示したのです。志を立て努力して修養を積めば、社会的に尊敬される仕事をすることができ、結果としてミドルクラスに入ることができるという多くの事例を記事にしました。

ナポレオン戦争以前のイギリスは、身分制度が固定化しており、努力しても階級が変わるということは滅多に起こりませんでした。ところがナポレオン戦争以後、本格的な資本主義社会となったイギリスでは、努力次第で上位階級に移ることが可能になったのです。日本の明治維新ほどドラマティックではありませんが、それと似たような社会の変化が起こっていたのです。

そうした時代に、スマイルズが取材したり、経験したことをベースに一つの考え方としてまとめたのが『自助論（原題＝セルフ・ヘルプ）』です。

## 自助論と自助努力

今から四半世紀ほど前のことです。当時の通産省官房企画室が「社会制度研究会」をつくり、私が座長になったことがあります。月に一回程度、政治家の方に来ていただいて討論するのですが、そこで聞いた話は、話した人の害になるようには引用しないという紳士協約で、その会を二十年ぐらい続けました。

この研究会には年に最低一回はレポートを出すことが義務付けられていました。そこで何年目かの時に私は、たまたまスマイルズの孫が書いた本を発見して、スマイルズの墓を訪ねたことがありました。「セルフ・ヘルプ」を掲げてイギリスを復活させたサッチャーが登場してきたころです。私はイギリスに行って、スマイルズの時代がまた戻ってきたんじゃないかという感じがしました。そこで「これからは国が助けるのでなく、自助論の時代だ」と報告書にまとめたのです。すると通産省は、これを自助論と言わずに「自助努力」という言い方に変えて世に出しました。

それ以来、日本でも広く「自助努力」という言葉が使われるようになりました。すると、スマイルズの名前を知っている人は、少し考えれば「自助努力」の本家は彼だ、とわかりますから、スマイルズの本が古本屋から消えるほど、注目されることになったのです。

## 忘れられた存在

しかし、この通産省の「社会制度研究会」が発足するさらに四半世紀前、私が大学生のころは、日本においてもイギリスにおいても、スマイルズは完全に忘れられた存在でした。

私が大学四年生だったころです。イギリスのオックスフォード大学にキャンピオン・ホールというカレッジがあります。そのカレッジの学寮長が日本に来られて講演会が開かれました。その際、半日ほど、その先生のお伴をして、旅行の手続きなどの通訳をしたことがあります。偉い先生と同じハイヤーに乗って、最初は緊張して縮こまっていましたが、この際、喋らなきゃ損だと思っていろいろなことを質問しました。

その中に、私は当時、たまたまスマイルズの『セルフ・ヘルプ（自助論）』を読んでいたものですから、「サミュエル・スマイルズについてどう思われますか。日本では明治のころに盛んに読まれたのですが」という質問も入れたのです。すると先生の答えは、イギリスでは「completely forgotten（完全に忘れ去られている）」というものでした。

## 幸運を呼ぶ本

スマイルズの『セルフ・ヘルプ』は初版は一八五九年に出ています。この年はダーウィンの『種の起源』も出版されていますが、私が『セルフ・ヘルプ』についてイギリスの人名辞典を引くと、『バイブル（聖書）』の次に売れた本と書いてあり、文章は平明で非常に良いとも書いてありました。

大学英文科の先生の中には、大変凝《こ》った英文ばかりを読ませる先生がいます。私が教わった先生の中にもいらっしゃいました。そうした中で、少し理解しやすい本を読みたいという思いがあり、神田の古本屋で購入したのがスマイルズの『セルフ・ヘルプ』でした。この本は明治から大正時代にかけて日本人を魅了したベストセラーでもあったのです。

そのスマイルズについて私が質問したものですから、学寮長も「すでに忘れ去られた存在になっている人間について、質問するとは変なやつだ」と思われたのでしょうか、別れ際に「君がイギリスに来ることがあったら助けてやる」と言ってくださいました。

イギリス・ジェントルマンですから嘘は言いません。もうとっくに亡くなっておられますが、当時もう六十~七十歳の方でした。私がドイツ留学中にイギリスに行きたいと、先生に手紙を書きましたら、「約束したことは知っておる。準備しておくから来い」ということで、私はドイツから日本に帰らないで、当時のオックスフォード大学に留学しました。

一九五八年のことです。日本からは自費では誰も留学できなかった時代です。オックスフォードに行っても日本からの留学生はいませんでした。イギリスに住んでいた人の子供で哲学を専攻していた女性の方がいましたが、他にはおりません。この方は後でロンドン大学の教授になりました。

ですから私は、この本（『自助論（セルフ・ヘルプ）』）で今から半世紀も前にオックスフォード大学に留学するという幸運を掴んだわけです。私にとっては幸運の書なのです。

ところがその前にもう一つ幸運な話があるのです。それは大学院二年生のころでした。英語学をやるには、その先進国ドイツの言葉であるドイツ語をやらなくてはならないことはわかっていました。だから大学一年の時から、英文科ではただ一人ドイツ語の授業に出ていました。しかし、英語で朝から晩まで辞書を引いていましたから、もう単語を引くのは嫌だという気持ちがありました。ドイツ語ぐらいは単語を引かないで本を読みたい。文法は一応やっていますから、単語だけわかれば読めるのではないだろうかと思ったわけです。

そういう思いを持って、神田の古本屋街を歩いていたら、たまたま『自助論』のドイツ語訳を見つけました。英語の原書とドイツ語訳を合わせれば単語を引かなくても済むのではないかと思ったのですが、ドイツ語訳は随分意訳で、やはりいっぱい引くことになりました。

しかしこれが、千載一遇と言うか、偶然と言うか、信じられない幸運を生んでくれたのです。当時私は、大学院主事の仕事を手伝っていて、その仕事の打ち合わせのためにロゲンドルフというドイツ人の先生のところにうかがったところ、「君、これ訳せるか」と、新聞か雑誌か忘れましたがドイツ語の文章を渡されました。見ましたら、だいたいわかります。インデームという普通はわからない言葉が出ていましたが、これは訳しにくく、普通では英語にならないのです。ところが前の晩に読んだ『自助論』のドイツ語訳にインデームというのが出ていて、何か訳しにくいやつだけども英語で言えばこうかとわかっていたので、英語にちゃんと訳すことができました。すると先生がびっくりして、「君はKよりできるな、Kはドイツ語は何もできないのだ」というわけです。

実はその時ちょうど上智大学にドイツから留学生を受け入れる奨学金が二つきていて、一人は独文科から、もう一人は経済科から行くことが決まっていました。独文科の学生はドイツ語がある程度できるが、経済科の男はぜんぜんできない。だから経済学部から行くはずのKをやめて、君にしようというのです。

インデームという単語一つで、しかも偶然その前の晩に読んだだけなのに私は留学生に選ばれました。おそらく日本人で戦後にスマイルズの『自助論』の原書を全部読んだ大学生は当時、私一人だけだったと思います。それが、偶然にドイツへ行く橋渡しになったわけです。しかもドイツに行って、オックスフォードの先生に手紙を書いたら、オックスフォード大学の扉も開きました。だから私の留学はこの『自助論』という本で決まったのです。

こうした幸運を呼ぶという本があるのです。実際、明治時代の実業家で、スマイルズの本を読まないで志を立てた人はまずいません。やや誇張していえば、明治時代の成功者は直接的、間接的を問わずすべてスマイルズのお世話になっています。

## スマイルズの訳者　中村敬宇

このスマイルズを明治の日本に紹介したのが中村正直（号＝敬宇）です。中村は江戸時代、御茶ノ水にあった幕府の学校・昌平黌始まって以来の秀才と言われました。

やがて幕府は、旗本の優秀な子供たち十二人をイギリスに留学させることにしました。その時、監督を兼ねて当時三十五歳になった中村敬宇をつけてイギリスへ留学させたのです。渡英して一年半後に幕府は潰れてしまいますが、五年ぐらい行って来い、それ以後は事情によって延ばしてもいいという条件でした。

イギリスに渡った中村は猛烈に勉強します。そして敬宇が一番疑問に思ったのは、「イギリスという国は小さい国である。日本と変わらない。気候も似ている。それなのに、これだけの国力の差はどっから来るのだろうか」ということでした。

当時のイギリスはナポレオン戦争に勝利してから五十年ほど経っていました。それは隆々たるものです。大して大きい国でもない。どうしてこれだけの差があるのか、敬宇は一所懸命勉強しました。しかし、わかりません。

そうするうちに、幕府が潰れて留学資金が底をついたため帰国することになりました。すると帰る直前に、向こうで知り合ったフリーランドという人が、今イギリスで一番人気のある本は、このスマイルズの『セルフ・ヘルプ』だと言って、餞別にくれました。

敬宇はそれを帰国船の中で読みました。当時のことですから何か月もかかります。そうしたら、まさに自分が求めていたものがその本にすべて書いてあったのです。どうしてもわからなかったイギリスが偉大である理由が書いてあったのです。敬宇は繰り返し、何回も読み返し、重要な部分はほとんど空で言えるようになったといいます。

## 明治人をつくった中村と福澤諭吉

中村がわかった理由、それは『セルフ・ヘルプ』という本の名前が示す通り、「天は自ら助くる者を助く」という諺に表される概念でした。「自助」すなわち人に頼らず、自ら助ける気がある者のみを天は助ける、ということだったのです。「これだ！イギリス人は皆、国や他人に頼らず全部自分たちでやる気だったんだ。わかった」と、意気揚々と帰国したわけですが、将軍はすでに江戸を離れて静岡に蟄居《ちっきょ》していました。将軍の命で派遣されましたから、その将軍の隠退した静岡へ報告にうかがい、そこで訳したのが『自助論』です。明治四年に静岡で出版されました。

この本こそ、明治黎明期の日本人が求めていた本でした。というのも、江戸時代の日本の教育は、読み書き算盤を初等教育とすると、それをすぐ終えるような頭のいい子は例外なく「四書五経」を学びました。「四書」というのは、中国の古典である『論語』『孟子』『大学』『中庸』を言い、五経は『詩経』『易経』『書経』『春秋』『礼記』の五つを指しました。これが知識階級の必ず修めなければならない教養だったのです。

ところが明治維新以降、日本の教育はこれでいいのだろうか、という疑問がわいてきました。というのは「四書五経」が生まれた国である支那が、アヘン戦争以来、ヨーロッパ諸国から蹂躙《じゅうりん》されていたからです。

そこに登場したのが福澤諭吉の『西洋事情』と中村の『自助論』でした。福澤諭吉のおかげで西洋の事情はよくわかった。ではその後はどうすればいいのか？　その答えを示したのが『自助論』です。大正時代の思想家・吉野作造は新潮社の文学辞典に「福澤諭吉は明治のはじめに、日本人の智の世界を開いた。また徳の世界を開いたのは中村敬宇である」と書いています。

福澤諭吉と中村敬宇は明治人をつくった車の両輪でした。福澤諭吉は慶應大学をつくりましたから、業績が残され今でも讃えられていますが、中村敬宇は、自分の塾を持っていたものの、亡くなるとともに消滅してしまいます。しかし中村の本は、福澤諭吉の本よりずっと長く広く読まれました。


明治の偉い人たちはみんな『自助論』を勧めています。軍人もこれを読んで志を立てました。要するに具体的な志を立てるのは皆、『自助論』から始めています。

中村が訳したスマイルズの本は、『自助論』以外に『品性論』と題された『Character』、『Duty』（『義務』）、『Thrift（倹約）』の合計四冊があります。この四冊が『論語』『孟子』『大学』『中庸』に代わる新しい時代の「四書」であると注目されました。なかでも、『品性論』と『自助論』は貴ばれ、新しい時代の『論語』『孟子』と評されました。

## 忘れられたスマイルズ

ところがスマイルズの本は、昭和に入るとまったく流行らなくなります。これは新渡戸先生の修養の本も同様です。何故かというと共通点があります。社会主義です。社会主義が流行ると自助論は流行らなくなるのです。

社会主義とはひとことで言うと、「天は自ら助くる者を助く」ではなく、「俺は何もしなくても、国は俺を助けるべきだ」という思想です。それに対して「天は自ら助くる者を助く」という思想は個人主義であり自由主義です。

ロシアに社会主義革命が起こり、ソ連という大国が出現したことも、社会主義が人々の心を捉え、流行った大きな要因です。しかしそれだけではありません。

社会主義というのは、それが共産主義であろうが普通の社会主義社会であろうが、全部、国家社会主義です。なぜかというと、社会主義国家の政策は、すべて税金でまかなわれます。税金は国家権力でまきあげるわけですから、国家社会主義でない社会主義は存在しないのです。

ヒットラーがつくったナチス・ドイツは国家社会主義です。イタリアのムッソリーニのファシスト国家も同じです。こうして国家主義の国が注目される中で、戦争への道へ追い込まれていった日本も、国家による統制が強化され、ナチス・ドイツやイタリアと同様、国家社会主義ともいえる国になります。物品は配給制度になりました。スマイルズの個人主義、自由主義の考えは時代遅れの思想と考えられるようになってしまったのです。

## 遅れていた子供時代

私は、幸いにして遅れていたのです。私が育った山形県鶴岡市は当時、交通の便も悪く、大変な田舎でした。

そして、家にある本は皆、講談社の本でした。講談社を創業した野間清治という人は自由主義の人でした。国家主義や社会主義といった新しい思想が入る前の感覚なのです。そうした本の中で育ちましたから、戦後の風潮の中で育ったおかげでスマイルズを読もうなどという変な学生になったわけです。遅れていたお陰で個人主義、自由主義がいいものだという文化に浸ることができたと思います。

例えば小説で言えば、佐々木邦とか佐藤紅緑、童謡なら『からたちの花が咲いた』など、すべて昭和の社会主義以前のいい作品に触れることができました。その結果、私はものすごく遅れていたと思いますが、しかし逆に遅れていたからこそ、私の歴史観にとっては幸せだったと思います。

例えば、司馬遼太郎さんの『坂の上の雲』は日露戦争に関しては非常にいい本で、名作です。でも、「坂の上」でも、上で後がないのですから坂の上まで行ったら後は断崖から落ちたような感じになるわけです。

ところが本当は『坂の上の雲』の後の日本は、陽が燦々と照る草原だったのです。ところが、この草原時代のことはあまり語られません。この日露戦争の「坂の上」からロシア革命の影響が日本にひたひたと及ぶ昭和の初年までの一番いい時代がスパッと抜けているのです。さらに第二次世界大戦後は、マッカーサーにとって「戦前にいい時代があった」と言ったら占領政策が成り立ちませんから、戦前は全部真っ黒みたいな話になってしまいました。

ところが私は、この日本が一番いい時代に発行された雑誌や本を読んで育ちましたから、今考えると大変、幸運だったと思っています。

こうした中、「日本の一番いい時代」と私が評価しているこの時代が過ぎると、さっぱり評価されなくなるのがスマイルズでした。英文学者として評価の高い先生方が、揃って「スマイルズの本は立身出世の書」だとして、認めなくなるのです。「立身出世は悪くない」と彼らは言っていました。しかし、国家がすべてを取り仕切る時代に入ると、立身出世は、自由主義や個人主義、利己主義の象徴のように思われ、通俗的でしかも反社会的な感じを与えました。そのため、英文学者もスマイルズを扱わなくなったのです。

しかし、スマイルズの『自助論』を読んでみると、結果としての立身出世はありますが、いわゆる大臣になったり、大富豪を「偉い人」とする一般的な立身出世を評価しているわけではないのです。

例えば、昔のヨーロッパの道路は小さい割り石を敷き詰めていましたから、この作業をする職人のことをコブラーといい、最低の仕事と考えられていました。そのコブラーにすぎないあるスコットランド人が、植物に興味を持ってスコットランドの植物を丹念に集めて第一級の植物学者になり、名を残したことが、『自助論』の中で讃えられています。それに対して、大臣になったとか、大将になったとか、大富豪になったとかという話は意外に少ない。むしろベンチャー企業で成功した人の事例が一番多いのです。実際イギリスはそのころ、少し前の日米両国のようにベンチャー企業の時代が到来していました。その意味では、現代に共通する話題が満載された本です。

## ダーウィンの『種の起源』と同年発刊された『セルフ・ヘルプ』

私が注目するのは、『セルフ・ヘルプ』が出た一八五九年は、進化論の原点であるダーウィンの『種の起源』が発刊された年でもあることです。

ハーバート・スペンサーという進化論の哲学者が語った言葉ですが、「ダーウィンの進化論が一番の根拠を与えたのは、Survival of the Fittest（サバイバル オブ ザ フィッテスト）である」と言っています。「一番適応した者が生き残る」――その根拠になるものが『種の起源』には書いてあります。適しなくなった動物はどんどん滅んでいき、適したものだけが残っていく。そしてあらゆる動物の形は生き残るに適した形で残っていく、と。

例えば、キリンの首が長いのは高いところの草木も食べられるためとか、弱い動物は足が速いとか、子供をたくさん産むとか、猛禽類は目がいいとか、など、皆、生き残るに適した機能を獲得したものだけが生き残るということを、無数の例を積み上げて証明していきます。進化論をダーウィン自体はそれほど露骨に言ったわけではありません。ただ、自然淘汰があり、合わなくなったものは一掃され、生き残れなくなっていく。そのプロセスを今生き残っている動植物の「種」としての起源を証明したのです。

すると、これが一種の社会進化論にまで敷衍《ふえん》され、社会に適さないものは駄目であるということがイギリスの中心思想になります。その結果、人々は、時代に適したものを発明しよう、製造しようと努力し、工夫し、企業を興していったわけですが、「進化論」は、こうした時代に、ぴったり合う理論だったのです。

ダーウィンは動植物学、博物学から入りました。いっぽうスマイルズのほうは当時のジャーナリストとしていろんな仕事をした人の話を聴き、こうすればこうなるということを誰にでもわかるように、極めて平明な文章で書き残しました。

私は『セルフ・ヘルプ』をイギリス人が読んだのは非常に賢明だったと思います。元来が志のある下層階級のために、これを読んで実行すれば必ず中産階級に入れますよという本ですから、文章に凝ったりせず、実に平明に書いてあります。

その点でスマイルズは福澤諭吉と似ています。福澤諭吉が生きていた時代は、ものを書く人はみんな漢学の伝統で鍛えられた人ばかりでした。従って、文章にものすごく凝っています。文章に凝ることにエネルギーを取られて、今、読みこなせる人は多くありません。例外が福澤諭吉の文章です。福澤諭吉も漢学をやっていましたが、言いたいことを明解に言うことだけにウエイトをかけていました。従って、文章が平易です。その結果、現在にまで読める文章として残っているわけです。

ところが、漢学の影響を受けすぎた人たちは、文章に凝り、いいことを言ったとしても後になると読まれなくなるわけです。皮肉なことに中村敬宇もその一人でした。中村敬宇も『自助論』を翻訳した時は、実に平明に書いたものです。ところが、元来が昌平黌始まって以来の漢学の天才でもありますから漢文で書いてしまう。晩年になりますと、全部漢文です。しかも私は漢文の質の判断はできませんが、当時の漢学者がみな感嘆するほどいい漢文だそうです。

それから、漢詩もつくっています。こんなことをやると、読む人がついて来なくなる時代です。だから適者生存で言えば、福澤諭吉はダントツに適応しました。言いたいことだけ、なるべくやさしく明解に。福澤諭吉は、文章に凝って、文章で褒められる気がまったくない、ほとんど唯一の人です。だから影響力が大きく、後世に残りました。

いっぽう中村敬宇の場合は訳書四冊、特に『品性論』と『自助論』は残り、影響力も大きかったのですが、他の著書はどんどん影響力がなくなっていきました。彼は学もあって人格も高潔な立派な人です。しかし彼の書いた漢文を後世の人に読めといっても、難しくて無理です。

適者生存の法則で言えば、福澤諭吉のほうが後世に適していました。中村敬宇はその意味では適しませんでした。学問がありすぎたのです。学問がありすぎて残らなかったり、流行らなかった例は、幸田露伴がそうです。露伴の漢字は難しすぎて、私でも読めないことがよくあります。

## 社会主義の弊害

話は前後しますが、その適者生存がイギリスの中心思想になっていた時代に、動植物のほうではダーウィン、人間の行為についてはスマイルズというのが、イギリスでも車の両輪になっていたわけです。

『セルフ・ヘルプ』と『種の起源』が世に出てから十二年後の一八七一（明治四）年、

いわゆる普仏戦争でドイツがフランスに勝ってドイツ帝国ができます。それまでのドイツは、国内が三十か国ほどにわかれていたのですが、それをビスマルクがオーストリアとフランスを討って統一し、大ドイツ帝国が誕生しました。

そうなるとビスマルクにとっては、もう戦争をする必要はない。「私の目的はドイツ帝国の誕生であった」というわけです。ヨーロッパの真ん中にドイツみたいな強大な国ができて、その国が戦争をせずに全部平和政策をとれば、その後ヨーロッパで戦争が起こらなくなります。その結果、それからの三十年間、第一次世界大戦の準備をドイツ、イギリスが始めるころまで、ヨーロッパはずっとデフレが続くことになります。生産力がどんどん上がるのですから当然です。

デフレになると何が重要かと言いますと、粗製濫造がきかなくなるということです。インフレ下では悪かろう安かろうでも売れますが、デフレ下では粗製濫造のものは売れません。その時生き残るのは何かというと、一所懸命『セルフ・ヘルプ（自助論）』を読んだ人なのです。絶えず工夫をすすめていますから。

それでスマイルズはエジンバラ大学から名誉法学博士の位をもらったり、いろんな国から勲章をもらったりして、ビクトリア女王の戴冠五十周年記念にはウエストミンスター大寺院の一番いい席の一つを与えられる光栄を受けたり、非常な名誉を与えられます。

ところがおかしなことに、イギリスではこのころから労働組合がどんどん力を得て、一八九〇年代半ばから二十世紀に入った最初の数年までの約十年間で、イギリスの雰囲気はガラリと変わります。その変わった状況をスマイルズの娘が書いています。「たった十年前のビクトリア女王戴冠五十周年記念式典までは、イギリス中の人たちがスマイルズを称え、スマイルズの『セルフ・ヘルプ』を読み、子供にもそう教えたスマイルズ主義だった。それなのに、この度のビクトリア女王戴冠六十周年記念では、スマイルズはすっかり忘れ去られている。ウエストミンスターにお呼びもかからない。本屋も書いてくださいと言わない」と。

そして今度おとずれた流行は、労働組合論でした。またたくまにガラッと変わってしまったのです。

ちょうど一九〇〇年に「ロンドン・スクール・オブ・エコノミクス・アンド・ポリティカル・サイエンス『School of Economics and Political Science』」というウェッブ夫妻がつくった学校がロンドン大学の一部になります。これは「LSE」と略され日本でも有名ですが、労働党の人間がつくった学校で、イギリスではピンクの大学（共産主義者を表す赤までは行かないが、白ではないという意）と呼ばれています。

このピンクの大学の目的は、社会主義的な考えで法律ができる人、社会主義的な方法で行政ができる人を育成することです。この時代、イギリスの大半のインテリは、こちらの方向に向かいました。

すると、「セルフ・ヘルプ」とか「自助努力」なんていうのは古臭くなってしまうわけです。それよりも如何に大企業を国有化するかという方向に全イギリスが向いて行くわけです。

イギリスは、自助論や個人主義の蓄積が厚いですから随分良い時代だったのですが、いざ戦争になると国家総動員となりますから、どうしても社会主義が強くなります。従って、第二次大戦で保守党の首相として戦ったチャーチルが、ドイツを破ったにもかかわらず、直後に行われた総選挙で落選し、代わってLSE出身のアトリーが首相になり、労働党政権が続くことになります。

その結果、イギリスは大戦の勝利国にもかかわらず、経済力は毎年、ガクガクと落ちていきます。

ところが一方の敗戦国ドイツは、終戦後の西ドイツの政権を担ったアデナウワー首相とエアハルト経済相が、ヒットラーの国家社会主義の下でいじめられた人でしたから、経済政策としては自由主義を非常に重んじました。そのため西ドイツは敗戦国にもかかわらず驚異的な復興を遂げ、勝ったイギリスの経済は相対的に落ちていくわけです。この傾向は「英国病」などと呼ばれサッチャー首相が登場するまで続きました。

彼女はローアミドルの家庭で育ちました。商店を経営している家庭です。イギリスという国は面白い国で、このローアミドルとワーキングクラス、いわゆる労働者階級との差が一番大きいのです。労働者というのはだらしなく、労働者の奥さんは買い物に行く時でも頭に湯上がりのスカーフを巻いたようなだらしない格好をしていく。ところが、ローアミドルの人たちは常にきちっとしている。いつでもサッチャーみたいな格好をしているのです。そして礼儀正しい。英語も一番聞き取りやすいはっきりした英語、崩れない英語を喋る。ローアミドルの家は子供を叱る時、「そんなことをするとワーキングクラスに落ちますよ」と言うそうです。

こうしてサッチャーが出てきて、今度は「セルフ・ヘルプ」を説きました。そしてイギリス経済は復活してくるのです。

それと同時に、サミュエル・スマイルズも見直されるようになりました。

## 「セルフ・ヘルプ」の対極にある社会主義

日本では昭和五、六年ごろからサミュエル・スマイルズも新渡戸稲造も忘れ去られていきました。それが復活する本当のきっかけはソ連の解体だと私は思います。

なぜなら「セルフ・ヘルプ」は要らないというのが共産主義です。個人は勝手なことをする必要がなく、共産党の命令を聞いていればよい。だから立身出世という言葉を使うとすれば、社会主義の中では、党の中でどうやって出世すればいいか、それだけです。自助努力で企業を興そうとしたら捕まります。だから全部国に頼りなさい——これが究極の社会主義です。

だから私有財産は要りません。私有財産は全部取り上げました。相続は絶対許しません。その代わり国家が面倒をみてあげます。これが共産党の社会主義です。そして実践してみました。するとどうなったでしょうか。皆が国家に頼って、あとは命令を聞くだけです。命令を聞くだけだと自発性はなくなります。

ソ連という国は、世界一、二の産油国で、金の産出量も世界一、森林資源も、土地の広さも……と、世界一に近いものがたくさんありました。そんな国が、自発性を失った国民ばかりになると、ある日二進も三進も行かなくなってガラガラッと崩れました。このソ連の崩壊の仕方というのは非常に興味深いものです。

## 何故ソ連は崩壊したのか

例えば満洲国が崩壊した理由は、日本が戦争で負けたからです。それが真相です。ところがソ連の場合は、戦争に負けたから崩れたわけではありません。アメリカと睨みあっていましたが、戦火は噴いていません。それなのにガラガラと崩れたのです。では、何で崩れたかと言うと、崩れた理由はいろいろありますが、一つは武器の信用がなくなったことです。イスラエルとアラブ諸国が戦った中東戦争でのことです。イスラエルの戦闘機はアメリカ製で、アラブ側はソ連の戦闘機でした。熾烈な戦いの結果、イスラエルの戦闘機は一機も落ちなかったのに、アラブ側は全機が撃墜されているのです。

戦闘機の能力というのはほんのちょっとの差が、天地の差になるそうです。例えば、登場したころの日本のゼロ戦は、戦闘機としては世界一優秀だったといわれています。

こういう記録があります。ティモール島のクーパンというところに日本のゼロ戦が十五機配備されました。その南側のオーストラリアのポートダーウィンにイギリスは四十五機のスピットファイアーという最新鋭の戦闘機を送り込みました。

スピットファイアーはヒットラーのイギリス空襲を完全に防ぎとめたイギリスが誇る戦闘機です。ヒットラーはあまりにも爆撃機が落とされるので、ついにイギリス爆撃を諦め、ロケット砲撃に切り替えていきます。従ってイギリス人にしてみればヒットラーの爆撃機から国を守った英雄機です。当然、負けるはずがないと思っていました。

ところが、実際に空中戦をやってみると、海上数百キロを飛行してきたゼロ戦が一機も墜落しなかったのに対し、迎え撃ったスピットファイアーは四十五機中、約二割が撃墜されました。今書かれているものを見ると、両機の性能の差はほんのわずかだそうです。それが実際の戦闘になると大きな差になるのです。それが中東戦争でも証明されました。その結果、ソ連の武器では戦争できないということが皆にわかってしまったのです。これが理由の一つです。

もう一つ重要な理由は、何と言っても日本のハイテクです。

私はベルリンの壁が落ちる前に古本の学会でブダペストに行ったことがあります。そこの音楽院に通っている知り合いの子供がいて、ハンガリーの人たちは日本をどう思っているかと尋ねたら「天国ですね」と言うのです。

どうして？　と理由を尋ねると、「ハンガリーの青少年の欲しいものは全部日本製です」と答えるのです。当時の話で、ラジカセだとか小さい計算機だとかウオークマンなどすべて日本製、あるいは日本の技術提供でできた東南アジアの品物です。

これはソ連にとって大変な脅威でした。というのも、ソ連の国民は第二次大戦後は鉄のカーテンの中で暮らしている。すると、普通のソ連人の意識には白人優越意識がそのまま残っています。鉄のカーテンの西側では一九七〇年ごろから人種差別をなくす運動が起こったりしていますが、向こう側にはありません。戦前と同じ、白人絶対主義です。

と思っていたら、オランウータンがいる国のつくったラジカセなどがどんどん入ってくる。しかし自分たちにはつくれない。あの大ソ連帝国がつくれるのは武器関係だけです。一般市場で売れるものは何もない。欲しいと思うようなものやハイテクのものは、全部日本あるいは日本の出先でつくったものがくる。しかもどこからくるかというと、メイド・イン・マレーシアなどと書いてあるわけです。マレーシアってオランウータンがいるとこじゃないか。オランウータンみたいな連中がつくったのを自分たちはつくれないという進化論的な遅れた感じ。これがガタガタッとくる、もう押さえ切れなかったというのが理由の一つです。

引き金になったのはチェルノブイリ原子力発電所の事故でした。これもソ連の原子力産業の遅れを露呈しました。ということは、近代文明というのは無数のイニシアティブでいろいろなものを発明しないかぎり、国家がやったのではどうしたって限界があるということです。

確かに、ある段階まではソ連式のやり方が効く時もあります。

例えば第二次大戦の後半、ソ連がつくったT型の戦車は非常に性能が良かった。ところがその後どんどん電子部品などが使われるようになると、今度はアメリカ製のほうがどんどん良くなるわけです。部品など、自由主義の国では何かパテントをつけて売れば大儲けになる可能性もありますし、自由に事業を興すことができることから、無数のノウハウや発明品が出てきます。ところがソ連のほうではそれがありません。国家や官僚が、重要だからやれって言ったものだけに予算がつき、そこだけで製造するわけですから、アメリカや日本のように無数の企業が工夫してつくるということはないのです。その差が大きくなってついにソ連は崩壊しました。

国家や官僚が国の中心にいていろんな計画を立てても、官僚のやれることには限界があります。戦争中にたくさんの戦車をつくれという場合は効き目がある。しかし普通の場合の競争をしたら、社会主義では大部分の国民はイニシアティブを発揮できない状況にあるわけです。私有財産もありませんし、自分で工場を興すわけにもいきません、全部上からの命令だけです。

人間の知恵というのは限られています。どんな偉い官僚でも情報は限られています。そうすると、その人たちが立てた計画でも完璧なものはありません。ソ連では個々人の総意で利益を出すという概念がないわけですから、結局どうなったかというと、「これだけつくれ」と上からの割り当て（ノルマ）ができるわけです。

そのつくるのも笑い話みたいな有名な話があります。ある時、「机をつくれ」という指令がきました。どういう机をつくればいいか。市場で売るという発想がありませんから、全部配給みたいなものです。そこで個数で割り当てると小さいものばかりつくりますから、これは駄目だというわけで、最終的に決めたのは重さで達成率を量ろうということになり、割り当て量がきまりました。その結果、どうなったか？　とにかく重い机をつくれということでソ連中の机は動かせなかったという、笑い話みたいな本当のような話がありますが、これが官僚制度なのです。究極の官僚制度というのはそこなのです。

社会主義は一般の人の無数の知恵を生かすようにできていないのです。無数の知恵というのは「セルフ・ヘルプ」から生まれます。「天は自ら助くる者を助く」という精神の人がたくさんいるところではいろんなものが出てきます。特にデフレの時代には、これがなかったら市場から一掃されることになります。デフレの時こそ新しい工夫が必要なのです。

## 一国の繁栄はセルフ・ヘルプの人の数に比例

今、中国もデフレになりかかっています。このまま行くと、中国企業もうかうかしていられません。潰れないようにするためにはどうするかと言うと、結局、粗製濫造では駄目だということです。現在、中国ではテレビでも何でもつくるだけつくって、山のように滞貨があるといいます。ほとんどの国立銀行が赤字ですから、企業が潰れるのは時間の問題だと言われています。

生き残るには、製品の質を上げなければなりません。質を上げるためにはどうするか。いい機械が必要です。いい機械はつくったことがないから、日本から買うことになります。

これは経済評論家の長谷川慶太郎さんも言っていることですが、今後は日本からの輸出が増え、中国の対日貿易収支は中国側の赤字になるだろうという見通しです。

こうした競争で勝つためにはどうするか。なるべくたくさんの人の知恵を、なるべくたくさん使わなければいけません。『セルフ・ヘルプ』の中にも「一国が栄えるか栄えないかは、セルフ・ヘルプの人の数に応ずる」と書いてあります。自分で自分のことをやろうという人が多ければ栄えて、少なければ栄えない。サミュエル・スマイルズは一八五九年の本で、このことをすでに解き明かしています。

## セルフ・ヘルプ大国・アメリカ

このことを日本の官僚の中で、わりとわかっていたのは、元の通産省（現経済産業省）だと思います。同省管轄の分野での規制は他の分野に比べれば格段に少ない。その結果、日本で輝いているのは製造業だけだと言われるぐらいです。

例えば運輸省（現国土交通省）などはお笑いです。今回の東日本大震災ではわかりませんが、阪神淡路大震災で神戸の埠頭が壊れた時のことです。どうせ復興するなら最新鋭の埠頭設備にしようということになったのですが、運輸省は断りました。「この予算は震災復興金だから震災で壊れたものよりいいものをつくっちゃいけない」と言ったそうです。阿呆でしょう。しかしこの阿呆が通用するのが官僚です。

翻ってアメリカを見てみます。アメリカは徹底的にセルフ・ヘルプの国です。特に共和党はセルフ・ヘルプの意識が高く、それをチェックしているのが民主党という感じです。

例えばアメリカの医療費は高いと皆、言います。しかしアメリカの治療は日本より数段上です。だから治療費が高かったら自分でいい保険に入りなさいということなんです。保険にも入らないでいい治療を受けようなんて、そんな不届きな考えを起こすな、というのがアメリカです。そうなるとセルフ・ヘルプの人たちはどんな病気になってもいい手当てを受けられるような保険に入ったり、貯金をしたり、何かと自分で考えます。簡単に言えば、考えない人は諦めなさいということです。

話を日本に戻します。先日も英語教育の本をつくるための座談会に出席しましたが、結論は、英語はある程度知能が高い人なら完全に上手になれるということでした。そのため例えば、いい先生のところに優秀な人を集めて教育することも考えるべきだ、という意見も出たのですが、そのためには文科省の一番嫌がることをやらなければなりません。それは塾でも学校と認めるということです。今までの学校を潰せというのではありません。そこがいい人はそこに行きなさい。塾でも学校として認めます。両方に行きたければ両方でもいいです。つまり戦前に戻れということです。

## セルフ・ヘルプの薦め

戦前は、黒柳徹子さんの『窓ぎわのトットちゃん』の学校のように、チンチン電車を払い下げてもらって、そこで先生方がご自由に教えることもできたのです。

ところが、戦争中の国家統制の強化により、自由な教育はできなくなりました。そして戦後は、別の意味で国の規制が激しくなっています。

一国が栄えるか栄えないかは、
セルフ・ヘルプの人の数に応ずる。

例えば、個人的な塾などは学校としては認められていません。しかし、本当に英語が上手くなりたい人だけを少人数集めて教えれば、彼らの英語力はたちどころに上達するでしょう。こうした塾も学校として認めれば、彼らは、今の学校に行かなくていいわけです。私はもっと、こうした教育の自由を認めるべきだと思います。

我が家の話をします。ウチは子供にいわゆる受験勉強を強要するのは嫌だと思っていましたから、放任していたのです、しかし、やはり成績は悪い。そこでなんとかしなくてはと思った時、私は「子供というのは数学さえできれば頭がいいという自信が持てる」と確信していますから、夏休みを利用して優秀な元中学校の数学の先生に小学校の一年から中学三年までの教科書を全部丁寧に教えてもらいました。

すると、秋からは数学はいつも満点です。「数学なら東大に行った同級生にも負けない」という自信を持つことができたわけです。自信をつけた子供たちは希望の音楽学校へ自信を持って入学しました。普通の知能があれば集中的にやればできるんです。江戸時代の有名な学者である頼山陽だって、「四書五経」は全部、今の小学校を卒業する年までに読んでいるのですから。

このように我々が自由に才能を伸ばし、力を発揮するためにも、変な規制のない「自助努力」がしやすい社会をつくっていかなければなりません。

私はソ連が崩壊し社会主義が終焉した今、時代は明治維新の時代、すなわち「セルフ・ヘルプ」の時代に戻っていると考えています。

明治維新以来、大正の良き時代までセルフ・ヘルプの時代は続きました。しかし、ソ連革命が起こり、社会主義になってヒットラーやムッソリーニが出た後の戦時体制下では自助努力もへったくれもありません。

そして戦後も社会主義の組織は続きました。少し崩れてきたのは生産分野ですが、ソ連の崩壊で完全に崩れました。今、再び我々は「自助論」の時代に入っているのです。これを明確に早く意識するかしないかで、今後のそれぞれの生き方が随分、変わってくるのではないかと思っています。

第三講

# アレキス・カレル「人間 この未知なるもの」

## 人生観を揺さぶる衝撃的な本

私の生涯を決定した本を三冊挙げよといわれたら、アレキス・カレルの『人間　この未知なるもの』を欠かすことができません。それほど大きな影響を私はこの本から受けました。カレルのこの名著に学ぶことも人生修養の糧になると思いますので、この名著を紐解いてみたいと思います。

アレキス・カレルはフランス人です。しかし、滞米期間が長くロックフェラー研究所にいたころにノーベル賞を受賞していますから、英語読みでアレキス・カレルとします。フランス語読みでは、アリキシ・カレールとなります。

彼の本と最初に出合ったのは、かれこれ半世紀以上も前になる大学二年生の時でした。

私が学んだ上智大学では、倫理学が必修でした。倫理学なんて「人間の道」らしきものを教える学問かと思いきや、その時の教授は神父さんでしたが、さまざまな倫理学があることを教えてくれました。それは田舎から出てきた少年にとっては、驚きの世界でした。例えば、労働の倫理では「労働価値説」のお話を承りました。これはマルクス主義の基本になった理論です。また、肉体の倫理なんていうのは聞いたこともない話でした。

こうした授業を一年間続け、最後の授業になったら先生は、「これまで喋ったことのノートは全部要らない。この本一冊だけ読んでくれれば、それでいい」と言うのです。そして示したのがアレキス・カレルの『人間　この未知なるもの』でした。

私は早速、神田の古書店で購入して読み始めたのですが、読み進むにつれ、すごい本だということに気がつきました。今でもこの本は手元に置いていますが、どのページを開いても書き込みばかりです。余白の足りないところは紙を貼って、足して書き込んでいます。中には途中で消して訂正しているところもあります。何回目かに読んだ時に「これはちょっと違うぞ」と思って自分の書き込みを直したのでしょう。この本は、人生観をゆする衝撃的な内容でした。

## カレルが体験した「ルルドの奇跡」

カレルは、南フランスにあるリヨンの大学で医学を学んでいます。

彼の在学から約半世紀弱前の一八五八年、日本でいえば幕末の安政五年です。フランスとスペインの国境近くにあるルルドという寒村で一つの奇跡が起きました。ベルナデッタという十二歳の貧乏農家の娘が近くの川で薪を拾っていると、美しいマダムが現れ、「ここを掘りなさい、水が出る」と言うのです。娘は言われるままに掘ってみました。すると水が湧き出てきたのです。しかもその水は、触れると治らない病気が治るという、奇跡の水でした。

これが評判となり、巡礼団が次から次と訪れるようになったのです。

それから四十四年後の一九〇二（明治三五）年、医学部に在学していたカレルは、医師として巡礼団に同行します。何故かというと、巡礼団には病人が参加しますから医者が必要です。カレルがついた病人は末期の肺結核患者でした。しかも顔が青くて脈拍が百五十を越えるような危篤状態です。こんな人を巡礼に連れて行くこと自体がスキャンダルだ、と彼は思っていたそうです。そして、いつ死ぬか、いつ死ぬかと、ハラハラしながら見ているうちに汽車はルルドに着きました。

ルルドに着くと、洞穴があり、水が流れていました。その水に浸すのですが、なんと、ほんの少し浸しただけで見る見るうちに治り始め、数時間後には完全に治ってしまったのです。

これが精神病やノイローゼなら心掛け次第か、尊い場所に行ってありがたい気持ちを起こして治る、ということも考えられますが、彼が付き添った人は、肺が壊れて治りようもない末期の肺結核患者です。それが、顔色が良くなってピンピンして帰って行ったのです。

## フランス追放、アメリカでノーベル賞受賞

カレルは医者ですから、こんなことはあろうはずがないと思いつつも、見たままのことを報告書にまとめて発表しました。そうしたら、「こんな馬鹿なことを書くやつは置いておけない」と医者をやっていくのが難しくなってしまいます。仕方なく、フランス語の通じるカナダに行って羊飼いでもしようと、最初はカナダのケベック州に行くのですが、しばらくしてアメリカのロックフェラー研究所で欠員があることを知り、見事入所します。

ここで彼は、野口英世などと一緒に仕事をするのですが、後年、血管縫合の画期的な新技術を発明し、一九一二（大正元）年にノーベル賞を受賞します。カレルは天才的な器用人でした。二本の指先で玉結びができたといいます。だから、それまで不可能とされていた縫合技術を開発できたのでしょう。

彼はこの他にも、いろいろと面白いことをやっています。

第一次世界大戦時には、デーキンという医者と一緒に「カレル―デーキン法」という消毒の仕方を発明し、戦場での負傷による死亡率を劇的に低下させています。

また、ルコンド・デュ・ヌイという、これまた有名な医者と一緒に、人間の生理的時間は、物理的な時間と異なることを証明しようと、人間の生理的時間の測定方法を開発します。それはまず、皮膚に規定の長さの薄い傷をつけます。すると赤ん坊ですと、夜傷つけた痕《あと》が翌朝にはなくなっています。この速さが「若さ」です。これが歳をとってくると、なかなかもとに戻りません。こうして肉体の年齢測定法を考え出しました。

さらに彼は、さまざまな仮説を立て、それを実験で証明しようという試みもいくつかやっています。

その一つが「体液が常に新鮮であれば身体の組織は死なないのではないか」というものです。人体の組織は何で保っているかというと、体液があるからです。血液、リンパ液、すべて体液（彼はメディウムと呼んでいます）ですが、その体液が常に新鮮に補給されれば組織は死なないはずです。

そこで、鳩から生きた心臓を取り出し、生かし続ける実験を開始。この心臓は彼が亡くなってからも動き続け、いつまでも生きることがわかったので三十何年目かに、ようやく体液の供給を止め、新鮮で良質な体液さえ送っておけば身体組織は死なないことを証明します。これはある意味、不死の実験でもありました。逆のケースを考えるとよくわかりますよね。体液が汚れることを処理できなければ（その極端なケースが尿毒症です）、人間はたちまち死んでしまいます。

この話も『人間　この未知なるもの』に出てきます。私は、これを読んだ時、そういうものか、という感想しか持ちませんでしたが、先年、「人参ジュース断食」というのを体験し、その理論を聴いていたら一脈通じるなと思いました。


人参ジュースの断食道場は伊東にあります。要するに身体の不調は、すべて血液の汚れからきているという理論から、血液をきれいにしようとすることだけに中心を置いて断食をするのです。現代人の血液の汚れは、すべて食べ過ぎからきているから、断食しようということです。

すると、私などは行き始めてからおおむね六キログラム強、痩せました。どこが痩せたかと言うと、すべて要らない脂肪などです。六キロと言うと二百グラムのステーキ三十枚分です。これが完全に要らない身体の汚れだったわけです。これはすごいことでした。

## 世界のベストセラー本

『人間　この未知なるもの』は、カレルがノーベル賞を受賞してから二十三年後の一九三五（昭和一〇）年に出版されました。すると世界中に大反響を巻き起こし、二千万部が売れたと言われています。日本語訳が出たのは昭和十三年です。非常にいい訳で、しかも絶対に読んで損する本ではありませんので、学生に読書の相談を受けると私は必ずこれをあげることにしていました。

ところがそのうち、なかなか手に入らないという学生が増えてきました。この話を偶然、三笠書房の社長に話したところ、ウチで出しましょうという話になりました。版権を調べましたが持っている人がいないということがわかり、不肖、私が訳して出版しました。しかし私は、戦前に出された訳のほうが好きです。何故かというと、戦前のもののほうが漢字を自由に使っている。それに対して私が訳したほうは、誰でもが読めるようにと、できるだけ漢字を使わない努力をしましたから。今読んでも、先に出されたほうが名訳だと思います。

## 人間とは何ぞやを解明

カレルが何故、この本を書いたかと言いますと、「人間は自分の外の世界、例えば宇宙、物理、数学などでは、ものすごい発展を遂げた。ところが、人間とは何ぞやということになると一向に解明できていない」ということに気づいたからだといわれています。

それはおそらく、若いころに前述した「ルルドの奇跡」などを見て、この世には理屈では解明できない訳のわからないことが、まだたくさんある。とりわけ人間というものが何か、ぜんぜんわかっていないじゃないか、ということが頭にあったのでしょう。

彼は、これまで人間について医学的に書かれたもののうち、カレルから見て重要なもの、本当のものを一つにまとめてみようとしたのが、この『人間　この未知なるもの』です。

従って彼は序文で、「この本の中の一行一行には、その一行のために優秀な医学者が一人あるいは何人も、一生かかって解明した結論が書かれている。ただ現在は、専門化が進み他人が何をやっているかがわからない。だから一冊にまとめてみた。まとめるほうが一つの狭い分野を研究するよりはずっと難しい」と言っています。

彼は特別な分野でノーベル賞をもらうほどの研究をやった人ですから、そっちの才能はもちろん天才的でしたが、それよりも、まとめるほうがはるかに難しい、とも書いています。

例えて見ればこういうことだと思います。昔の逸話に「群盲象を撫でる」という話があります。たくさんの目の不自由な人が、象を撫でました。ある人は象の足に触れて「象は大木のようなものだ」と言い、ある人は象の鼻に触れて「いや象というのは太い鞭みたいなものだ」、ある人は像の腹を撫でて「象とは大きな太鼓みたいなものだ」といったという。皆、確かに象に触れています。だから自分の言っていることを信じて疑いません。しかしそれは、ごく一部であって、全体像は皆目わからないわけです。

それよりは、どんなに簡単に描いたものでもいいからスケッチのほうが全体像が一目でわかります。そして、そのスケッチの脇に犬でも人間でもちょっと描き加えれば、象の大きさまでわかります。彼はこのスケッチのほうを提示しました。「人間とは何ぞやというものの、今、わかっている限りのスケッチを描いてみた」と言っています。

私も何人かの著名な医者に聴いてみたのですが、今付け加えなければならないことは、遺伝子のＤＮＡの発見ぐらいではないかということです。

## 常識を覆す多くの指摘

こうして人体のスケッチを描いた彼は、今の世の中で納得できていることが、実は違うのではないか、という例をいくつもあげています。

一例をあげれば、今の普通人の食生活は、フランスのルイ十四世やロシアのフリードリッヒ大王よりも贅沢になっている。「しかし」と彼は言います。そしてショッキングなことばかり並べていきます。

例えば、スポーツ選手の神経は昔の人に比べてもろくなっている、と彼は言います。考えてみればその通りです。カレルは西洋の例をあげていますが、日本のマラソン選手である高橋尚子選手でも野口みずき選手でも、非常に速く走ることができるものの、代わりに、すごく丁寧に身体を管理しないと何もできません。ちょっと無理して走ればすぐにアキレス腱を切ったり、肋骨にヒビが入ったりします。ある意味、すごく弱くなっているのですね、今のスポーツ選手は。

ところが考えてみれば、岐阜の大垣にいた豊臣秀吉軍は、琵琶湖の北にある賤ヶ岳で戦いが始まると、一晩で槍を担いで駆けつけ、翌朝からはもう戦っているわけです。肉体的にも精神的にもものすごく強いんですね。もちろん隊の速さで言えばマラソン選手よりは遅いでしょう。しかしマラソン選手が槍を担いで走るわけではありません。それは厳密なるコーチがいたりして、ようやく走って、後は半年ぐらい休まなきゃいけない。翌日から戦争なんて考えられないことです。


もっと面白いことは、身長が伸びるということは、進化ではなく退化ではなかろうか、とも書いています。これも白人としては実に驚くべき発現です。何となく白人は身体が大きいから進化していると思っているのですが、実は、大きくなることは良いこととは言えないのではないか、ということを例をあげて説いています。

今の日本人は昔の日本人より皆、背が高く肉体的には進歩しています。しかし、今の日本の青年が日露戦争みたいな戦争ができるかというと、これはできません。三〇キログラムほどもある背嚢《はいのう》を背負い、鉄砲を担ぎ、テクテク歩いて大きなロシア兵と白兵戦を展開して勝ちまくったわけですから、そんなこと誰もできません。ちょっと歩いただけでも豆ができたり、それどころかへたばってしまうと思います。

当時は皆、背の低い小男でした。しかし耐久力になると抜群にありました。また知力も、だんだん下がってきているのではないかとも書いています。

自然科学というのは過去の実績に継ぎ足し、継ぎ足しで発展してきました。だからどんどん進むわけですが、それに比べて研究者や国民の知力が伸びているかというと、そうでもない。フランスでは明らかに落ちており、アメリカにおいても知能の水準は、さまざまな科学の進歩によって、たくさんの発明品が世に出たにもかかわらず低い、というようなことを言っています。

このように「おっ」と思われる事例がたくさん登場します。だから読んでいて面白いのです。

それから精神病患者がどんどん増える傾向にある、とも指摘しています。何故なら、精神病状態の研究は盛んに行われ、それ故に患者数も増えているが、肝心な精神病が何故起こるのか、という研究は進んでいない、と言うのです。

こうした状況を見てカレルは、白人文明の終わりではないか、と非常に危機感を覚えます。彼はアジアのことは知りませんからアジアのことには一切触れていません。すべてフランスとアメリカを中心に述べています。

カレルは大変な愛国者で、フランスの心配をしているわけです。従って第一次世界大戦の時は、自分を追い払ったフランスを助けるために、すぐに志願して軍医となりフランス軍の傷病兵を看護しています。また第二次世界大戦の時も、すでに七十歳近い老齢でしたが、すぐに駆けつけて軍医として活躍しています。

第二次世界大戦の初期は、フランスがナチス・ドイツに完敗しました。それに対して彼は、ナポレオン戦争の時のような強い青年をどうしたらつくれるかという研究を行う施設を、時のビシー政権に働きかけてつくってもらいます。ビシー政権とは、パリを占領したドイツ軍との交渉窓口となり、休戦協定を締結したフランスの新政府です。ビシーという町を首都としましたからこう呼ばれています。ペタンという元帥が大統領になりました。

　ところが戦後、フランスがドイツに占領されている間にレジスタンス運動に加わらなかった人々を攻撃する時代が続き、カレル自身は終戦前に亡くなってしまうのですが、彼の関係者のほとんどが粛清されてしまいます。そのため版権を持っている人もいないのです。

　ここまでは、『人間　この未知なるもの』の序章の説明です。現代人は、積み上げた文明の中に生きているから、普通の人でもルイ十四世以上の贅沢な生活している。しかし、人間の能力としてはどんどん下がっている、ということを言っています。

## 適応能力は鍛えなければおとろえる

　次に「皮膚とは何か」というような個別機能の説明に入っていきます。

　例えば「皮膚は宇宙と人間との接触点である」。言われてみればなるほどと思いますでしょう。そして皮膚が内側に入ったのが粘膜で、それは外界に対してどのような問題を持っているか、などを説明しています。

人間は全身を皮膚で覆われています。人間が死ぬと、一日も置かないうちに腐敗しはじめます。ところが呼吸をしていると麻酔などで意識がなくても腐りません。こうしたことを一つひとつ詳しく考えていきます。するとそこから、人間というものはきわめて腐りやすい存在であると同時に、呼吸の意味がよくわかってくるのです。そして、息をすることが生きると同じ語源であることもわかり、長寿法が呼吸法と関係があるということもわかってきます。こうして、一つの事項から非常に深いところまで考察が及ぶのが、この本が良書たる所以《ゆえん》です。


それから、人間にはものすごい適応能力があるということも言っています。適応能力とはどういうことかと言うと、寒い時、体全体が寒さに応じるような態勢を整える。この適応能力がなければ人間は死んでしまうわけです。

そして、「適応能力は鍛えなければ駄目だ。生物の価値は適応能力の高さにある。人間が自分で適応能力を高めるためには、意志の力が必要だ。寝たいだけ寝て、食べたいだけ食べたらどうなるか。適応能力がどんどん下がっていく。だから空腹に耐え、眠たいのを我慢して仕事をすることも重要である」と主張します。

また、「寒い時は寒さを我慢することも必要である」とも言います。

数年前に新潮新書から生活習慣病に関する本が出ました。この中に、昔は今日のような重症の皮膚病は少なかった、ということが書いてありました。何故かと言うと、皮膚の発疹などは全部、副腎ホルモンが作用している。だから皮膚にぶつぶつができたりアレルギー症状の激しい人は、ステロイドなどを注射したり、塗ったりします。ステロイドというのは副腎ホルモンを人工的につくったものです。これの効き目は素晴らしい。ただし、恒常的になると副腎のほうがさぼりはじめるそうです。そのうちにムーンフェイスなどの副作用が現れる欠陥があります。

では副腎そのものを強くするにはどうしたらよいか、ということも同書には書いてあって、子供の時から一分間ぐらい冷水を掛けてあげればいいそうです。すると冷たいからブルブルッと震えがきます。この刺激が副腎を強めると言います。だから昔の子供は今みたいな皮膚病の子供は一人もいなかった、というようなことを言っていますが、実はカレルの本には、そのことがすでに「寒暖に対して適応能力を発揮しないと免疫力はどんどん落ちる」と指摘されています。

だから私が若い時に、この本を読んだことは非常によかったと思っています。

一番わかりやすい適応能力で言えば、革靴の底に昔はかかとが減らないように金具を打ちました。しかし、しばらくすると靴の底は確実に減りました。しかし、人間の足は生涯、減りません。特に私らは昭和二十年の秋から勤労動員で、戦争が終わったのに山の奥で伐採をやらされました。靴はすぐに駄目になり皆、裸足で山道を駆け巡りました。その結果、足の裏は減るどころか厚くなるんです。これが人間です。だから使わなければ人間の機能は衰えていくのです。

## 過保護は人類を滅亡させる

これを社会全体に敷衍《ふえん》すると、彼は「自然淘汰がきかない社会になると、社会全体適応能力は鍛えなければ駄目だ。
生物の価値は適応能力の高さにある。
人間が自分で適応能力を高めるためには、
意志の力が必要だ。

の質がどんどん下がっていく」ということを書いています。

その極端な例を言いうと、この本には書いてありませんが、瀬戸内海のある島に野生の猿の群れがいました。その猿は野犬などに襲われて死亡するものも出たのですが、ある時、保護のために一切、外敵から襲われないようにしたところ、その群れは全滅したそうです。

何故かと言うと、野生の猿でも野犬などに捕まるのは逃げ遅れる猿です。ところがこうした欠陥のある猿も生き延びられるようになると、逃げ遅れるような猿の遺伝子がみんなに移って、いつの間にか群れ全体が駄目になってしまうのです。

同じことがアフリカでも証明されています。アフリカの草原には、ライオンに食われないように足の速い山羊のような動物がいっぱいいますが、あのどれかを取り上げて完全保護にしました。そうしたらその群れは全部が駄目になりました。チーターなどから逃げ延びられるものがいなくなってしまったのです。

これは今の人類の世界を考えますと恐ろしい話です。どんな危ない遺伝子でも自然淘汰を免れるわけですから。昔の人は、ものすごく死んで、ものすごく丈夫だったわけです。

例えば戦国時代の日本に来た宣教師たちは、ものすごく衛生状態の悪い船に乗って、ようやくたどり着いた日本では、食べたことのないものを食べて、それでも死にませんでした。今、普通の人がやったら皆、死んでしまうのではないかというような過酷な環境を生き延びてきました。もちろん中には亡くなった方もいたでしょう。しかし、予防注射もせずにアフリカの奥地にどんどん入り込むだけ丈夫でした。

この理由をハンガリーの学者が明らかにしています。それは、ヨーロッパには十二世紀から十四世紀にかけて、ものすごいペストが何度も襲いました。場所によっては村人の九十パーセントが死亡した村もあります。そうした所では、残りの十パーセントの人にもコレラ菌がつかないわけがない。でも生き延びた。コレラ菌に襲われても死なない身体を獲得したのです。この連中が後で新大陸の発見などで未知の世界にどかどかと出かけるのです。

日本でも昔は、五、六人の子供を持つことが普通でした。そして、たくさん死にました。私の父の兄弟でも半分は肺病で死んでいます。しかし生きた人間は生物学的には丈夫なんです。だから日露戦争にも勝利できたのだと思います。

とにかく「どんどん弱くなる方向に人間は向かっている」と、カレルは、すでに八十年も前に書いています。そして、ベストセラーになった本ですから何版も版を重ね、数年後の序文では、「この間の数年間を見ただけでも、私の言ってることは益々、緊急の課題になっていることがわかる」とも書いています。

また、知能、感情、道徳観などは、全部鍛錬で強化されるということも言っています。

## 肉体を超えた見えない精神は存在する

しかし、こうした肉体のこと以上にカレルが問題になったのは、前述した「奇跡」の問題です。彼は個人の肉体を超えた精神というものが存在する」と言っています。

例えば、遠く離れた場所に病人がいるとします。その病人のために遠方からでも祈ると治ることがあることを実証して、「祈られたほうは祈られてることを知らない。だから精神的なものではなくて、こちらで祈ったことが向こうに生理的に働かせる何かがある」という主旨のことを書いています。

このように彼は、医者として出発しながらいつの間にか精神の世界に入っていきました。


これはオカルトと紙一重です。しかし彼は、「ルルドの奇跡」を実際に見ています。私もルルドに一度行ったことがあります。年間三百万人もの人が訪れる巡礼の場ですが、最近は減ったとはいえ、「奇跡」は起こっているようです。

ローマ法王庁は、こうした奇跡で信者が増えるといってもたかが知れていますから、「奇跡」を認めることに慎重です。ルルドには研究所がつくられ、医師免許を持っていれば誰でも研究に参加できるそうですが、直前のレントゲン写真や事後の医学的データを揃えて提出し、それでも医学では説明できないという事例だけを「奇跡」として認定しています。それでも年間、何十もの「奇跡」が認められているようですから、データもない奇跡は数えきれないほどあるのでしょう。

実は私も二人ほどこの奇跡を見た人を知っています。

一人は私が上智大学に入学して出会った、日本のイエズス会の一番上の神父さんでペドロ・アルーペという方です。この方はスペイン人で、医学部出身。カレルと同様、ルルドに行き、医学上、絶対に治るはずのない病気が回復するのを目の当たりにして神父になった方でした。

もう一人は、ドイツ留学中に出会ったドイツ人の神父さんでした。そういう世界を見た人は、聖人のようになります。その神父さんの唯一の贅沢が、年に一度はルルドに巡礼に出かけることでした。奇跡はカトリック教徒だけに起こるのではなく、プロテスタントでも他宗教でも起きています。

フランスでも、カレルが訪れた当時は、その報告をしただけで医者の世界から追い出されるほど唯物論が広まっていたのですが、いつの間にか誰も否定できない雰囲気に変わっていきました。

カレルの本は、我々が人間として生きているとは、どういうことなのか、ということが、科学的に重要なことがほとんどわかっていない、という前提に立って書かれた稀有な本です。個々の話になると、どこを読んでも面白く役に立ちます。ぜひ一度、読んでください。

## 猿と人類を分けるもの

ところで、人間と猿との遺伝子上の違いはわずか二パーセントぐらいしかないそうです。では、異なる部分はどこかといえば、私は咽喉と言語だと思っています。というのは、人間の生後一年ぐらいの赤ん坊と猿の咽喉はほとんど同じだと言います。だから赤ん坊は、猿と同様、お母さんのおっぱいを何十分でも飲み続けることができます。これは食道と気管がちゃんと切り離されているからです。ところが言葉を覚える二歳ぐらいになりますと、これが大人の人間の咽喉となり、喋ることに使えるようになります。これに対し猿は、断片的な叫び声はあげられますが、喋るように息を送り続けることはできません。動物によっては断片的な泣き声さえも出せないものがたくさんあります。これが、人間と猿とを分ける最も大きな違いです。

これは生物学上の有名な説ですが「個体の発生は、種の進化を繰り返す」というのがあります。人間の受胎した卵子は、はじめはイモリに似ていたり、蛙に似ていたりして、最後は牛や猿に似て生まれてきます。

私は人間と猿が決定的に違うのは、言語（言葉）を持っているかどうかだと思います。東京女子大の教授で、既に亡くなりましたが、児童発達学を専攻している女性科学者がいました。この人が、二、三歳児と猿との比較研究をしていたのですが、「生まれたばかりはまったく区別がつかなくても、天と地ほどの差がつく時がある。それは人間が言葉を覚え始めた時」だとおっしゃっていました。「人間は言葉を覚えた途端に、猿とはまったく異なる発達を遂げる」と。

よく動物学者の中には、「蜜蜂の言語」とか、「猿の言語能力」という言い方をする人がいますが、非常に不正確ですね。言語学では「言語とは何ぞや」という時に、必ず満たさなければならない三つの条件があります。

それは、第一に、「子音と母音が結びついていること」です。子音と母音が規則的に結びついて単語をつくる。これは動物にはあり得ません。

第二の条件は「意味と音との関係がない」ことです。例えば、愛するという言葉は日本語では「愛する」ですが英語では「ラブ」です。ところが動物は、愛する時は鼻を鳴らすなど共通です。言葉ではありません。また、痛い時に日本では「痛い」、英語では「アウチ」など言語によって異なります。ところが犬は痛い時に「キャンキャン」としか言いません。音と物事との関係が切れてないんです。それに対して人間の言葉は、どう言ってもいい。これが「意味と音との関係がない」状態です。

従って、机をテーブルと言おうが一向にかまわない。しかし犬は、痛い、悲しい、嬉しいぐらいの音しか出せません。人間で言葉と意味が一応共通なのは、叫び声だけです。「叫び」は言葉の起源ではありません。

それから三つ目は、「単語が無数」ということです。今でも時々刻々日本語の数は増えています。ところが動物の鳴き声はどんなに精密に数えても、二十以上、区別できる動物はいません。

ここが、ダーウィンの進化論とそれ以外の進化論との違いです。ダーウィンは人間の言葉と動物の言葉は「程度の差」だと言いました。叫び声が進化して人間の言葉になったんだと。だから彼は『人間の起源』という本の中に、人間と動物の叫び声の差は、「difference in degree（程度の差）」と書いています。

ところが人間の言葉は、子音と母音の結びつきでできていますから、他の国の言葉を学ぶことができます。子音と母音の組み合わせが規則的にできるということは、程度の差ではなく、できるかできないかです。

人間の言葉は、ある時、咽喉が変化して喋ることができるようになる。それに応じて脳も発達し、言語中枢ができると、さらに脳が発達して、言語が生まれると考えています。発達した脳と発達しない脳というのは、やはり言語化できるかできないかという差で、言葉の躾けというのが非常に重要になるのではないでしょうか。最近増加している「キレる子供」というのは、やはり言葉で言えないから急に他人を刺してしまったりする場合が多いのではないかと考えています。

## 通常進化を超える超進化が人類の脳を誕生させた

最新の脳の研究によると、ゲームを長時間やった子供と認知症の老人とは脳波が同じだといいます。何故かと言うと、ゲームは非常に頭を使ってるようだけれども、感覚が真っ直ぐ筋肉に行くために、一度も大脳を通っていないそうです。その結果、大脳を通る回路が非常に弱くなって、認知症に近い脳になってしまう。だからゲームは、本当に抑えないと駄目なんですよ。

そうしますと人間というのは進化論的にどうして誕生したのか、という話になります。地球ができた時は火の玉ですから生命がいるはずもない。やがて地球が冷えて海ができ、雷などの電気的力も働いて海の中に最初の生命が誕生。やがて微生物から人間につながる進化を遂げた、というのが定説です。

つまり、完全な無生物から生物が誕生した。これは誰も疑いません。しかし、無生物の対極に生物はあります。無から有を生み出すことですから、どこかの段階でぴょんと飛躍しなければ生命は誕生しません。これは量子学的跳躍と言っていいと思いますが、ぴょんと飛んでるわけです。

こうして生命が誕生した後は、ダーウィンなどが唱える進化論に沿って進化が進んだと思いますが、もう一段階、進化がぴょんと飛んだ段階があったと考えています。それは猿からヒトへと進化した時です。どこが飛んだかというと、脳です。猿の脳とはまったく違うものに生まれ変わった。この、ぴょんと飛んだ脳と飛ばない脳はどこが違うかと言うと、ぴょんと飛んだ脳のほうに名前を付けるとすれば精神です。これは死にません。こう考えるとカレルの本は理解できるのです。

霊魂というものが不死でなく、肉体の死とともに消滅してしまうならば、カレルが

「ルルドの奇跡」をきっかけにしていろいろ調べたことの説明ができません。それは地質学者がいくら調べても、もとは地球には何の生物もいなかったところに、ポンと生命が誕生することを説明するのと同じです。

それから何十億年かが経って猿からぴょんと飛んで精神という死なない霊魂ができてしまった。これが人類の始まりだと考えると、精神の世界が初めて説明できると私は考えていますし、動物と人間を分けるものとして言葉があるということも理解できると思います。

## 不滅の霊魂の存在

カレルと一緒に皮膚を傷つけて年齢を測る方法を発見したルコント・デュ・ヌイという生理学者は、この人類への進化の流れについてこんなことを言っています。

「進化の流れというのは高い峰から水が流れ落ちて海に至るプロセスのようなものだ。谷川を流れる水は細々と流れながら、ある時は溜まって池や湖をつくる。こうして流れて行って最後に海に至る」と。

この溜まりが何かと言うと、例えば昆虫として溜まる。すると、昆虫はここで完成した生物になってしまう。これが鳥になる、鳥という生物として完成してしまう。こうして、この間をちょろちょろ流れて行った進化という水は、やがて猿になると大分下流になりますが、猿という湖を残して一つの流れだけが海に入っていく。その流れが不死の霊魂と言っていいでしょう。と、まあこう考えるんですね。これは決して古い考えではなく、自然科学的にいってもこの辺の仮説を立てないと、祈りなんてものは絶対説明できません。


これは不思議ではありません。事実を言っています。そうすると、いろいろな説明できないことが説明できるんです。

昔は、白人が一番進化して、その次に黄色人種、その次が茶、赤、黒人、猿の順番で考えられていました。戦前は大体そうでした。だから白人たちは、自分たちが一番進化しているから、進化してない国、例えば黄色人種の国とはどんな不平等な条約を結んでもいいと考えていました。また、赤色だとか黒色になったら、これは奴隷にしてもよろしい、その国を奪ってもいいと、そういう感じだったのです。だからアメリカ人なんか、すべての人間は平等でつくられるなんて独立宣言しながらも、インディアンの土地は平気で奪いました。これはインディアンの肌の色が濃かったからです。さらに、黒人はいくら奴隷にしてもいいという考えがありました。

ところが大東亜戦争のお陰でと言ってもいいと思いますが、さまざまな国が独立する気風になり、そして民族は一応平等だということになりました。しかし白人の誰だってそんな平等なんか信じていなかったのです。

ところが戦後、なんとなく人種差別をしちゃいけないというような雰囲気が出てきて留学制度が盛んになるんです。

例えばアフリカの未開のところに行って宣教師がキリスト教を広めます。するとなんか頭のいい子がいるわけです。そうすると学校に入れたりして、最終的には神父になれとか牧師になれとか言って、例えば神父ならばローマの大学に入れたりするわけです。そうするとローマの大学で神学を学ぶ。神学なんていう学問は、学問の中でも一番小難しい学問で、そこでトップの成績をとったりする。

最も目覚しいのはオーストラリアです。オーストラリアでは、アボリジニなんていうのは非常に程度の低い民族だということになっていました。一つ、二つ、三つ、後はたくさんというぐらいしか数えられないといって馬鹿にしていたのです。これはつい最近までそう言っていました。だからかつてのオーストラリアでは、アボリジニを殺しても犯罪にはならなかったのです。

ところが、そのアボリジニに関心を持った教養のある白人が、アボリジニの子供を引き取って育ててみると、頭のいい子がいました。そこで学校に入れたらいい成績をとる。さらにハーバート大学に留学させたらオールAをとる、そういう例が出てきました。

## 進化論が当てはまらない人間の脳

そうするとこれはどう説明したらいいでしょうか。明らかにジャングルに住んでる黒人は程度が低い。しかし環境を変えれば、白人の一番頭のいい学生と競争しても負けないぐらいの成績を残す。これは何を意味するかと言うと、民族にかかわらず、人類が発生した時点で（これは、いつ、どこでかは議論のあるところですが）、すでに脳はできたと考えなければいけなくなります。要するに猿の脳とはぜんぜん異質の脳ができたのです。

これは進化論を最初に考えたウォーレスが気がついたことですが「進化論は人間の脳には当てはまらない」と。

というのは彼はボルネオとかインドネシアに七、八年いて研究を重ね、それを「進化論」にまとめてダーウィンに送りました。ダーウィンは資料はたくさん集めたものの、進化論としてはまだまとめていなかったものですからびっくりして知り合いに相談しました。ダーウィン家は非常な名門ですから知り合いの偉い人たちが集まって善後策を練りました。

同じイギリス人が送ってきた論文ですから無視するわけにはいきません。そこでリンネ学会の一八五八（安政五）年の雑誌（紀要）にダーウィンとウォーレスの共同発表として「進化論」を発表しました（ちなみに私はこの超珍しい雑誌を持っています）。ダーウィンは進化論についてはその時点で、実際には何もやっていません。種の起源の理論を初めて示したのはウォーレスの論文です。ところがウォーレスはまだボルネオの近くで調査していますから自分の論文が出たことは、まったく知らないのです。そのため後では、ダーウィンが一緒にやってくれたというんで感謝しています。

このウォーレスは、生物学者として、一万何千種かの新種を発見した人です。日本で一番たくさん見つけたという植物学者でも六百ぐらいだと言われていますからそのすごさがわかります。その人が言うには「あらゆる動物の器官は、ある必要があってその機能ができている」と言っています。

例えば、鷹の目がいいというのは遠くからでも獲物を見つけるため。また、パッと逃げる動物は足が速い。あるいは弱いけども繁殖力がものすごく強いとか、そのすべてにはなんらかの意味があると言う。ところが人間の脳だけは、ぜんぜん外界と関係ない、と言うのです。

高等数学を考えるのに何の刺激があって考えなければならなかったのか？　何もありません。何故ピラミッドをつくるのか？　生活することだけを考えると必要ないんですよ。

というようなことで、彼は「脳は進化論に当てはまらない」ということを言ったものだから、彼は十九世紀の学者の世界からは無視されます。今振り返ってみると彼だけが正しいことを言っていたのです。脳はすでに人類が発生した時点でできていました。従って、黒人であろうが、アボリジニであろうが、初めから然るべきところにもってくれれば、必ずその文明をマスターする力は本質的にあるのです。言葉も子供の時からその国で暮らせば、どこの国の言葉でも上手くなるんです。しかし猿はどんなに子供の時から育てても喋ってはくれません。これは脳の問題なんです。

## 霊魂は存在する

この脳ができたのは何十万年前か。いろいろな説があります。そうすると、例えばアリストテレスやプラトンなど、私等が習った哲学者は、すべてそれを前提としなければ考えられないことを言っています。

例えばプラトンは霊魂の話になる時に、霊魂があって、それは不死だから、ある女性が妊娠した時にその胎児の中にその霊魂が入っていると言います。そして霊魂は昔のこともちゃんと覚えていると。ただし生まれる時にそれを忘れるのだというような、説を唱えています。

ただ私は小学校に入る前からそんなことは知っていました。

うちの祖母は小学校にも行っていません。若い時に目を悪くして字は何も読めません。知識は全部自分の親や祖父母から聞いただけです。そんな祖母が孫の私に言いました。「お前は死んだ祖父さんとそっくりだ。生まれ変わりだ」と。私は「生まれ変わりのくせにどうして覚えてないんだ」と聞きかえします。すると「それは覚えていたんだ。しかし生まれた時に忘れるんだ」と。私が「ならば、忘れなきゃよかった」と言うと、「おぎゃあ、おぎゃあ、おぎゃあと三回泣くと忘れるんだ」。「では泣かなきゃよかった」と言うと、「泣かない子供は死ぬんだ」と言って、ちゃんと逃げ道がつくってありました（笑）。

プラトンと同じことを言っています。

アリストテレスはどうかと言うと、「あらゆるものに霊魂と体がある」。英語で言うと、フォルムとマター、材料と形があると言っています。木という材料と木となる形をつくっていくものがあると言います。それがなければ木になりません。その材料をして木なら木ならしめ、草なら草ならしめるものがあると、二つのものを考えたのです。

ところが植物も動物も皆、熊なら熊という材料と、熊として動かすものが必ずあると考え、それを皆、精神と言ってもいいんですが、それは肉体の死とともに消えるとアリストテレスは言うのです。ただし、人間だけは肉体がなくなってても残るものは持っている、霊魂があるということです。

これが西洋哲学の正統的な考え方です。この考え方は、やはり人間の脳が進化論から言っても猿からぴょんと飛んだところがないと成り立ちません。それは無生物の地球からポンと生命が出たのと同じことです。生命が進化を遂げて発達したらぴょんと飛んで人間の脳ができたとしか考えられません。

こんなことがありました。戦争に負けた年、動物園の動物が殺されたころです。ウチの田舎でも犬を供出せよ、という命令がきました。わりと大きな犬を飼っていたんですが、これを屠殺者のところに持って行かなければならない。誰も嫌だから結局母が連れて行ったんですが、ウチの犬は屠殺者が家の前を通っただけでも吠える敏感な犬でした。母が屠殺場に連れて行って渡したのはその屠殺者でした。すると犬は引っ張られて行く時振り返ろうとした。それを思い出すと涙が止まらなくてご飯も喉を通らない、という日がありました。
あんまりにも可哀相なので、ウチの田舎のほうは皆そうでしたが、巫女《みこ》を呼んで死んだ霊に喋らせるということをやりました。だいたい春夏二回、巫女を呼ぶのが当時の私の田舎の習慣でした。巫女がやっているうちに憑依状態になり、その時に死んだ親とか子供の月日を言うと死んだ霊が喋りだす。それがわりとよく当たるのです。
しかしそれだって年に二度は喋らせないと死んだ霊が大変寂しいということで、少なくとも七、八年前ぐらいに死んだ人は必ず呼び出して喋らせるということをやってました。

その時、つい二、三か月前に殺された可哀相な犬を呼び出してやろうと、殺された日を言いました。ところが、巫女が一所懸命にやっているにもかかわらず、出ませんと言うんです。あぁやっぱり犬は霊魂がないんだと、納得しました。

『人間　この未知なるもの』は当時上智大學へ来ていらっしゃったアメリカ人の神父

さんで読んでない人がいませんでした。この本が出た影響があってか、そのころのアメリカの修道院は大流行で、いくら修道院を建てても入りきれないぐらい志望者が、多かったそうです。

ところがいつの間にか忘れられていくのですね。それは、これが間違っているから忘れられていくのではなく、忘れたほうが都合のいい人が増えてきたということでもあるかもしれません。我々は宗教家や哲学者から不滅の霊魂なんて言われたって、まあそういう説もあるかと言って聞き流してもいいのですが、『人間　この未知なるもの』の見地から言いますと、それは絶対あるんです。それは宗教によって奇跡の現れ方が違う。しかしどこの宗教だって奇跡がない宗教というのはあり得ません。奇跡とは何かというと、普通の次元と違ったものがあるから奇跡なんです。

この本は、人間の皮膚から爪から目玉から鼻から全部詳しく書いた本です。また、筋肉の鍛え方、精神の鍛え方、それを怠るとどういうことになるかを丁寧に書いた本でもあります。

しかし普通の本と違うところは、今言ったギリギリの人間とは何ぞやという、ことが書いてあることです。

どの一行、どのワンセンテンスも、最高の権威が一生をかけて書き上げた結論の集まりであるということを理解していただいて、少しずつでもお読みになれば、自分の生命力、適応能力、免疫力を強くし、自分が死んだ後の世界のことまで頭を向けるというきっかけになるのではないかと思っております。

ぜひお読みください。

第四講

# 野間清治に学ぶ「己を修める生き方」

## 「修養」と産業革命

修養とは、いろいろな道で自らをより良い自分にしようとすることだと思います。商売をなさる方、農業にたずさわる方、学校の先生など、人の生き方はさまざまですが、それぞれの道で自分をより良くしようという思想あるいは心構えを持った人の心の態度を、修養というのです。

この修養が、日本で特に高まった時代がありました。それは徳川幕府が終焉を迎えた明治維新の時です。それまで人間の身分は、誕生した瞬間からたいがい決まっていました。多少の例外を除けば、武士は武士、町人は町人、百姓は百姓で一生を終わっていたのです。

ところが、明治の世になると、旧来の身分制度はなくなり、「自分の好きなように生きなさい」という思想に変わりました。そこでは、自分の修養次第でより良い人生を歩むことができるようになったのです。

こうした身分に縛られることなく、自助努力で人生を選択できるようになった先駆はイギリスでした。

イギリスでも産業革命が起こるまでは、貴族は生まれた時から貴族と決まっている身分社会でした。ところが産業革命が起こり、発明をする人が出てくる、その発明を利用して実業家になる人もいる、さらにその実業家に資金を融通して儲ける銀行家も出てきました。こうした新しい人たちがどんどん出てきているにもかかわらず、旧来の身分制度で縛ろうとしたのが、フランス、ドイツでした。両国とも対応を誤ったのです。その結果、フランス革命が勃発します。

しかし、イギリスは賢明でした。実業家などで実力をつけ立派になった人は、貴族にしてやろうというのです。貴族までいかなくても、準男爵など貴族の下にもさまざまな身分がありましたから、それぞれの道で皆、偉くすることにしたのです。したがって、発明をして貴族と同等の待遇を受けたり、ユダヤ人でも実業家として成功して貴族になった人もいます。当時、こうした例は、他の国ではありませんでした。

こうした時代にイギリスがいち早く脱却できたのは、「修養」ということが非常に意識されて、そういう人間がたくさん現れるようになったからです。それを一番よくまとめたのが、第二講で紹介したサミュエル・スマイルズが唱えた「セルフ・ヘルプ」、すなわち「天は自ら助くる者を助く」という考え方です。これは自助の精神です。自分を自分で助けるのですから、日本語でいえばいわゆる修養です。この考え方はイギリスを当時の先進国中の先進国にした最も大きな理由の一つでした。

## 渋沢栄一の功績

明治は修養の時代でした。第一講で取り上げた新渡戸稲造先生も厚い修養の本、処世の本をたくさん書いています。普通の人がいかにして、より良い人になるかということに非常に熱心に取り組んだ時代でした。

例えば、渋沢栄一という人がいます。

この人は日本経済のすべてをつくった人といってもいいぐらいな偉人です。関係した会社は、後の上場企業ばかりですが、五百社以上になります。銀行も、ほとんどどこの人の手にかからない銀行はありません。

彼もやはり幕府から派遣されてヨーロッパの先進国を見てきました。帰国した時には幕府はつぶれていましたが、非常に頭がよく、また財政にも詳しい人でしたから明治政府は彼を使おうとします。そして当時の大蔵大臣である大蔵卿だった井上馨という人が「なんとか助けてくれ」というので、しばらくは大蔵官僚になりますが、「役人になって日本をつくるのは自分の役目ではない。民間で日本をつくろう」と、それ以後は絶対に政府から呼ばれても出仕しませんでした。そして、ほとんどの日本の銀行、上場企業のあらかたをつくるのに関係していきます。

その時も、ヨーロッパ派遣で日本とヨーロッパ各国との差、すなわち日本が遅れている部分がどこにあるかを知りつくしていますから、どのような分野で、どのように仕事をすれば必ず成功すると、わかります。

これと同じことが、終戦後、早い時期にアメリカに行った人からもうかがえます。

例えば、日本で小さな小売店とデパートしかなかった時代に、いち早くアメリカを視察してスーパーマーケットの存在を知り、日本に導入して成功した例があります。このように、戦後、渡米して商売のヒントを得た人はたくさんいますが、明治のころは戦後の比ではありません。鎖国状態の中に導入しようというのですから、全部がヒントです。それを渋沢のような頭のいい人が見て、これをやれば必ず当たるという確信を得て始めるのですから、すべて大当たりです。渋沢は大金持ちにもなれる人でした。

しかし彼は、人間として立派になることを常に考えていました。だから後年、『論語と算盤』などの本を著しています。

株式会社という経営形態を日本に導入したのも渋沢栄一ですが、儲かり始めた会社の株は皆が持ちたがります。すると渋沢の下には、自称子分のような人間が日本中から集まってきたのですが、彼はそういう人たちにどんどん株を持たせ、自分はせっかくつくった会社の株でも三〇パーセント以上は絶対に持たなかった、といわれています。というのも、自分だけが独占したのでは、自分だけしか金持ちになれない。日本の産業を発展させるためには多くの人々が参入することが必要だ、と考えていたからです。そのため、どんどん株を持たせて金持ちをたくさんつくったのです。その結果、黙っていても財界の大御所になりました。ですから晩年、アメリカに行った時に日本のモルガン（モルガン・スタンレーをつくった大財閥の当主）が来たといわれています。

この人もやはり、本の中で「修養」という言葉を使っています。

いかに修養という言葉が、明治後の日本に深く入り込んだか。

この修養という言葉を最も深く、広く日本国民に浸透させたのが、講談社をつくった野間清治でした。

## 親の教養は無関係

私は山形県の鶴岡市で育ちましたが、父も母も市内から何時間もかかる農村の出身です。祖母はさらに山がかったところで生まれ育ちました。祖母はいつも私のそばにいたのですが、「若いころに隣村の娘さんが狼に食べられた」とか、「菩提寺の坊さんが穴に入って即身仏になった」など、今考えるとまるで縄文時代と同じような話を聞かされて育ちました。

父は、祖父が学のある人だったので、山村育ちにもかかわらず、難しい漢字も読みこなし「『六法全書』に出てくる漢字で読めない字はない」といばっていました。しかし学校には母ともども行っていません。小学校も卒業していなかったと思います。だから私は本当の田舎者なのです。

ところが、友人で初代の内閣安全保障室長もなさった佐々淳行さんは、戦国時代の武将・佐々成政の子孫で、おじいさんは西南戦争の立役者。お父さんは東大法学部を出て、初代の九州帝国大学法文学部教授、母方の祖父も国文学者で東京帝国大学教授の和田万吉という学者一家に育ちました。

私は、お父さんもお母さんも偉い家の家系で、子供のころから学問の中で育った人と対談することが多いのですが、話してみますと彼らの子供のころの頭の中は、私と変わりません。むしろ、私のほうが狼の話だとか、即身仏になった人の話だとか、変なことを知っていて、変なプラスのものがあったくらいです。つまり成長する時の教養の差はまったくないのです。

なぜかというと、東京でも一番のインテリ家庭で育った人も、私も、同じ本を読んでいたからです。それが講談社の本でした。絵本に始まり、『幼年倶楽部』『少年倶楽部』になり、その上は『キング』を愛読していました。我が家には『キング』が創刊号のころからあり、繰り返し読んでいましたから、まだ生まれてもいない大正末期から昭和初期にかけても自分が一緒に生きたような気持ちになっていました。

## 野間清治の生い立ち

こうして講談社の本は日本の出版界を制覇しました。出版部数で比較して講談社の本や雑誌が富士山だとすれば、他の出版社の雑誌は東京の愛宕山《あたご》です。比較の対象にもなりません。それくらい講談社の雑誌は、国民の間に浸透していたのです。そうなるのに、野間清治という人は、わずか十年ほどしかかけていません。驚異的な短期間で日本の出版界の王者になったのです。

こうした才人・野間清治の人生をたどってみましょう。そこには「修養」に基づく工夫と、「自助論」にも通じる自由主義者の意地を見ることができます。

野間清治のお父さんも学校は出ていません。没落士族です。お母さんの系統も、森要蔵という有名な剣術使いです。従って、お父さんもお母さんも剣術の腕は確かです。維新後しばらくの間、お母さんの薙刀《なぎなた》とお父さんの剣術を見世物にして生活していた時期もあります。

当時、小学校がない地域では皆、学問は家で教えていました。そこで野間の父親は、群馬県の桐生あたりに住み着いて、そこの小学校の先生になりました。こういうことはよくありました。私の父の田舎は、明治五年に学制頒布で義務教育制度ができましたが、山の中の集落にまで学校はできません。そこで、お寺の和尚さんとうちの祖父が自宅とお寺に子供たちを集めて教えていました。明治初期の学校教育はそんなものです。

野間清治もだいたいそんな環境で育ちました。しかし、桐生と東北の山の中では相当レベルが違い、野間は高等小学校まで出ています。高等小学校というと、今の小学校六年生です。当時の小学校は四年制でした。四年までが義務教育で、それを終わると高等小学校が二年間。後になると三年まであるのですが、当時は二年までありました。

野間清治は非常に勉強ができたのでしょう。高等小学校を出ると小学校の代用教員になります。彼はそこで、ものすごく人気のある先生になります。彼は講談が好きでした。講談の代表作品に『南総里見八犬伝』があります。それを子供たちに聞かせるわけです。算数でも読本でも、子供たちに「今日はここまで覚えろ。覚えたら、お話ししてやるから」というと、子供たちが目を輝かせ一所懸命に勉強します。当時はテレビもなければ、ゲームも少年雑誌もない時代ですから、これは面白い。親まで聞きにくるくらい人気があったそうです。

そこで学校も、この人は本当の先生にしたほうがいいと、彼は前橋の師範学校に推薦で入学します。師範学校は、学費免除で小学校の正式の先生を養成する学校です。

## 温かい家庭環境

実は彼はその前に、東京に行って勉強しようと試みています。しかしこの時は一年足らずでホームシックになり、帰郷しました。東京では親戚のおじさんの家にいたのですが、そこの家族が当時としては珍しいキリスト教徒でした。野間はこの時初めてキリスト教徒の家庭を知ったわけですが、それは自分が育った武家崩れの家とはまったく違った雰囲気でした。非常にいいものだという印象を受けて帰りました。野間は信者にはならなかったものの生涯キリスト教には友好的でした。だから後年、彼の雑誌や単行本には当時としては珍しいキリスト教徒の筆者がよく登場します。

野間が東京に出てホームシックになったのもわかるような気がします。というのも、彼はものすごく暖かい家庭で育っているのです。

野間はものすごく家が好きでした。親からはかわいがられ、妹からは慕われていました。この妹さんは、後々まで野間清治を助けます。

野間清治の家は、全然豊かではありません。しかし、野間のお父さんは、気っぷの良い人でした。

清治が子供のころのことです。近くの家の柿の木がいっぱい実をつけていました。すると彼の父親は、小学校の臨時教員で貧しかったにもかかわらず、その柿の木の実をすべて買い、清治に「この柿の木の実はみんなお前のものだ。この実はお前が食べてもいいし、友達にやってもいいぞ」と与えたそうです。清治はガキ大将になって、柿を分けてやったようですが、こんな破天荒なことをやる親に育てられましたから野間清治も親分気質になりました。お母さんも清治が東京に行っている間、妹と一緒に機《はた》を織ってお金を稼ぎ、清治を助けました。

こうしたあまりにもいい家庭に育ったものですから、ホームシックになって帰ってきて代用教員に戻ります。そして師範学校に入るわけですが、師範学校は無料でした。

当時の日本は偉いですね。教育が大切だということをわかっていましたから、教育者になろうという人間は無料にしてやろうという学校を日本全国に創りました。それが戦後、大学になっています。そのため貧乏人で勉強をする気がある人は皆、学校の先生になりました。戦前の先生には本当に優秀な人が多かったのは、そのせいです。

師範学校に入った野間清治は、そこでも豪傑ぶりを発揮して皆に愛され、今度は高等小学校の先生になって帰ってきます。赴任した高等小学校でも彼は小学校で教えていた時と同じことを繰り返しました。「お前たち、ここまで勉強してマスターしたら、話をしてやるからな」と、また講談を語ったのです。その結果、子供たちの成績はグングン上昇。

野間にいわせれば、講談というのは基本的に人間の人情と道徳を教えてくれるといいます。親には孝行、殿様には忠義、兄弟は仲良く、貧しいものには同情しと、みんな素朴な美徳の話ばかりです。「勧善懲悪」と軽蔑的に言う人もいますが、気持ちのいい話ばかりです。そんな話を聞かせるわけですから人気も高まるはずです。

## 師範学校から東大へ

そうした中、東京帝国大学文科大学が、全国の師範学校から推薦された教員を集めて、二年間のコースで中学校の先生を養成する臨時の教員養成所を開設しました。東京帝国大学文科大学という変な言い方ですけれど、これはイギリスの真似です。例えばオックスフォード・ユニバーシティーといいますが、その下にたくさんのカレッジが所属しています。それと同様、東京ユニバーシティーの下に文科大学や法科大学などのカレッジをつくりましたから、こんなイギリス流の呼び方をしました。つまり現在の東大文学部です。

教えるのは文科大学の教授たち。現在では何をやっているかわからないような人も教授になっていますが、当時は天下の大学者ばっかりが集まっていました。

この臨時教員養成所には入学試験がありました。野間清治もその試験を受けたのですが、彼は若い時から講談が好きでしたから、暗記するのは得意。当時の教員養成所は主に漢文と国文学の先生の養成を目的にしていました。従って、試験は作文が重要視されていました。当時の作文の上手下手は、いかに漢文の古典に出てくるような漢字をたくみに使いこなして文章を書くことができるか、にかかっていました。その点、清治は古典の文章を先生が感心するほどたくさん暗記していますから、由緒ある漢字をたくさん使って見事、試験をパスしました。

こうした漢文の素養だけで大学の試験にパスしたのは野間だけではありません。日本の森林学の先駆けで東大教授もされた本多静六先生も、他の学科の成績は悪かったものの、若いころに米つきをしながら漢文の本を暗記したことから、作文の成績が抜群で、難しい山林学校の入試に合格。将来の道を開いています。

## 沖縄中学の教師になる

当時の中学の先生というのは、現在の大学の先生よりも数が少なかったですから、数的にいっても今の大学の先生になるよりずっと難しかったのです。それが、天下の東大で特別に二年間、勉強すればなれる。従って、全国から志のある優秀な人間が集まってきました。

その中で清治は、これがどうも不思議なのですが、なぜか教える側の天下の大学者に好かれるのです。生まれつきの性格もあるでしょうが、子供の時から柿の木を子供たちに分けるなど親分肌で、人付き合いがものすごくオープンだったのではないかと思います。

そこでたちまち、清治が中心になって自分たちで先生を呼ぶような会がつくられます。この会での関係が後々まで清治に幸せをもたらします。清治は、授業をよくさぼって出席はしないけれども、勉強はよくする、と先生の間の人気は非常にいい、あいつはいいやつだ、となりました。

やがて二年間が終わり、就職の時期を迎えました。当時、中学校の数が少ないですから、ポストが十分あるとはいえません。そんな時です。清治に好意を持っていた事務局長が、「どこに行きたいのか」と声をかけてくれました。清治が「親に今まででいろいろと心配もかけたから、一番給料の高いところにやってください」と言うと、

「それならば沖縄に行け」と言って、清治は沖縄中学の先生になります。

当時、沖縄は日本に正式に編入されて間もないころですから、日本と学力の程度が相当違いました。そこに本土の普通の中学よりも高い給料をもらって行ったわけですから、これは天国です。彼の自伝にも書いてありますが、料亭通いをしてドンチャン騒ぎができる天国のような毎日を送ることになります。

## 結婚、そして東大職員へ

沖縄には沖縄中学と沖縄師範学校がありました。ところが、両校の仲が悪い。中学校は授業料を払って入る学校、師範学校は無料でしたから、中学校のほうは師範学校を貧乏人の集まりだといい、師範学校のほうは中学生を「あいつら坊ちゃんだ」と馬鹿にしていました。そこに清治が行ったら、本当に男らしい男ですから、誰とでもうまくいく。もちろん自分の中学ばかりでなく師範学校の生徒からも一目置かれるようになりました。それでアッという間に「視学」に昇進します。

視学という制度は今はありません。県の役人で、現在ではそれに相当する地位がありませんが、大変に権威のある役職でした。それでさらに給料が上がるわけですから、さらに遊ぶ。その姿を見て上役が心配したのでしょう。身を固めさせなければいけないと、お嫁さんを世話しようとしたのです。そして紹介されたのが、四国で小学校の先生をしている才媛でした。清治は親にも相談して、この人を娶《めと》ります。

いよいよ花嫁が沖縄に来るという時、那覇中の人が参加したような歓迎会が行われました。ここにも清治の人気の高さが表れました。

そんな折、臨時教員養成所の学生だった時に見込んでくれた事務局長から「東京帝国大学法科大学の主任書記の席が空いたから、お前帰って来い」と、連絡が入ります。清治は、沖縄は給料もよく、結婚したばかりなので悩みますが、結局、説得されて承諾します。

東大の主任書記官になってても清治は、とてつもなく人気がありました。学生の中でも、あいつは大物だということになったのです。しかし、それは偶然の産物でした。今はそんなことはありませんが、当時は卒業試験の成績順に社会に出ると出世することになっていました。ですから東大法学部の卒業試験といったら皆、ピリピリムードの真剣そのものです。

ところが、監督官である清治は、試験会場で大いびきをかいて寝てしまったのです。これが学生たちにウケました。「我々は監督されるような人間じゃないのだ。事務官は野間のようであるべきだ」ということで、卒業生全員が「野間清治は豪傑だ。我々を信用して試験中に大いびきをかいて寝ていた」という話を広めたのです。

## 初の弁論雑誌を創刊

そうこうしているうちに、日本は一番いい時代に入ります。日露戦争に勝利し、外交的には日英同盟を結んでいましたから問題ありません。そうした中、イギリスの影響でしょうが「演説」が盛んな雄弁の時代でした。

いたるところで雄弁大会や弁論大会が開かれ、日露戦争の時の首相で大変、国民から尊敬されていた桂太郎が、第三次の内閣を組閣する時は不正があったということで弾劾演説が行われ、結局、桂さんは辞めざるを得なくなります。演説だけで日露戦争に勝った時の首相が辞めなければいけないような、それほどの演説の時代でした。

ところが、早稲田大学や慶應大学では大変、弁論活動が盛んで、弁論部も結成されていたにもかかわらず、東京帝国大学だけは、帝大の先生の話はよその人に聴かせるべきではない、という迷信があったために、弁論部も弁論会もありませんでした。

それを見て、主席書記官の野間清治は、東大の先生を弁論の世界に連れ出そうと考えました。そして、あちこち駆け回り『雄弁』という雑誌をつくります。自宅を編集所にして、速記者を雇い、速記を起こして本にまとめ、文科大学関係の本を出していた出版社に頼み込んで、売ってもらいました。こうして初めて東大の先生の演説が一般の人の目に触れるようになったのです。

東大の先生だけではありません。学生も、他大学の先生・学生の演説も載せました。原稿料は無料です。演説は人に聴いてもらうことが目的です。それを速記して活字にしたからといって、原稿料を要求する人は当時、いませんでした。

この雑誌が売れに売れました。このころ文芸雑誌でも一〇〇〇〇部を超えるものはなかったと思います。ところが『雄弁』は、最初六〇〇〇部がすぐに完売し、二版、三版と追加されて、最終的には一万数千部が発行されました。これは破天荒な部数です。続けて出した二、三号も同様に売れました。

会計係は奥さんが、小学校の先生をしながら務めました。ところが、『雄弁』の売れ行きが好調なために先生を辞めて事務に専念することになり、清治は大学の書記官をしながら「大日本雄弁会」という会社をつくります。

## 『講談倶楽部』誕生

彼はさらに考えます。「速記を起こせばみな喜んで買ってくれる。ならば自分の好きな講談をやったらどうだろう」と。こうして発刊されたのが『講談倶楽部』です。発行会社も大日本雄弁会とは別にして「講談社」と名づけました。会社はいずれも自宅です。たいして広くもない借家で、ここがふたつの雑誌の編集部になりました。

こうして講談を活字化した『講談倶楽部』も当たりました。しかし『講談倶楽部』には一つ欠点があったのです。『雄弁』は大学の先生や学生が主体ですから、こうした人たちに顔のきく人間は多くありません。ところが、『講談倶楽部』は、講談師にわたりをつければ、誰でもつくることができます。その結果、『講談倶楽部』を真似た雑誌がどんどん出はじめたのです。これに対して清治は、「競争すればするだけ需要は増えるのだから結構。しかし発行部数だけは他の雑誌に負けるな」とがんばり、常にライバル誌を上回る販売実績を残していきました。

ところが、そのうちとんでもないことが起こりました。彼は部数を伸ばすために『講談倶楽部』に落語を入れたのです。ここまでは問題なかったのですが、次に浪花節（浪曲）も掲載したのです。すると講談師の団体から猛烈な抗議が来ました。講談というのは江戸時代から高座で語ってきたものだ。それを、下々《しもじも》の家を門付けしてお金をもらう浪花節などと一緒にするとはけしからん、というのです。

しかも講談の原稿は、今村次郎という人が中心になって、まるで専売特許のように集めていましたから、彼が講談師が猛烈に反対しているのを盾に、浪花節の掲載をやめろなど、いろいろ虫のいい条件を要求してきたのです。

そこで清治は考えるのですが、面白いのは、これがもし一年前だったら、まったく違う対応をして雑誌を危機に追い込んでいたかもしれないということです。

というのも、彼は当時、『雄弁』と『講談倶楽部』を発刊し、しかも東大の主席書記官という三つの仕事をこなしていたわけで、猛烈に忙しい中でも好きな剣術をやるために東大に剣術部をつくっていました。そんなある日、剣術部の活動中にアキレス腱を切ってしまったのです。しかも、かなり重症でした。

それまで動き回ることを信条にしてきた清治が、いったん動けなくなると、世の中の見方も一変しました。つまり悟りを開いたのです。「これまで駆け回っていたのが世間だと思ったけれど、世間というのは自分の頭の中にある」と閃いたのです。

そして、頭の中で世間をつくってみて考えた企画が浪花節の掲載だったものですから、講談の原稿が来なくなる危険に面した時にも、考え抜きました。今村が言ってきたように、浪花節を載せず、今村の虫のいい条件をのめば雑誌は続きます。しかし彼は、考え抜いた結果、講談の原稿が来なくなるほうを選択するのです。

何故か？　世の中には食いっぱぐれている小説家のなりそこないがたくさんいる。その連中に講談ダネで小説を書かせれば、彼らは一所懸命にやるだろう。宮本武蔵の講談もいいが、それを小説風に書き直すことは難しいことではない、と結論付けたのです。

この小説風の講談を「新講談」と称して掲載すると大ヒット。しかも浪花節の件も、「講談師が浪花節を差別している、いじめている」という話が伝わると、義侠心もあって、さらに人気が上がり、『講談倶楽部』は圧倒的な人気雑誌になります。

この試みは日本文芸史上、革命的なできごとでした。我々が現在、時代小説とか、時代ものと呼んでいる小説は、ここから始まったのです。そのうち自分で創作する人も出てきました。吉川英治などはその一人です。

## 日本で生まれた「心学」

こうして『講談倶楽部』で大成功すると、彼は『面白倶楽部』『少年倶楽部』『少女倶楽部』を次々に創刊。いずれも人気雑誌に成長します。『雄弁』と『講談倶楽部』の中間を狙った『現代』も、少し程度を高くしたら皆、当たるのです。

その時、彼が言ったのは「自分がやっていることは必ず読者のためになる」という信念でした。もとが講談ですから、彼は講談の人情や義理、親孝行などの話を読めば、必ず読まなかった人よりは、その人がよくなるはずだという確信を持っていました。

その確信はどこから来たかというと、当人が自覚していたかは別として、江戸時代の「心学」に行き着きます。有名な学者では石田梅岩という人がいますが、これは不思議な学問です。日本が世界に誇るユニークな思想があるとすれば、私は心学を第一にあげたいと思います。

例えば、仏教でどんな偉い坊さんがいても、釈迦を超えることはできません。儒学も同じです。孔子より偉い儒学者はいません。キリスト教も同じです。ところが心学は別なのです。

これは、普通の宗教を完全にひっくり返しています。キリスト教徒といえば殉教してもキリストの教えに従っていこうというのが良いキリスト教徒です。イスラム教もおなじです。仏教でも仏様を慕って土の中で即身仏になることが最高のお坊さんと言われています。それに対して心学は、「人間には心がある。心は玉みたいなものだ。玉であれば、これを磨いて立派にすればいいはずだ」という考えから、「玉を磨くには磨き砂が必要である。その磨き砂は神道でもいいし仏教、儒教でもいい。また三つあわせたものでもいい」としています。つまり「心を磨くためには、儒教でも、神道でも、仏教でも関係ない。何を使ってもいいし、また、あわせて使ってもいい」という思想です。これは、通常の宗教の教えを一八〇度転換した考え方です。

しかも心学は、高いところからこうだと教えるのではなく、聞く人と同じレベルまで下りてきて、面白かったら聞いていきなさい、といいます。これは江戸時代に民間から自然と出てきた思想だからでしょう。日本の発明です。他にありません。

## 『修養全集』を発刊

こうした考え方は、意識されずにどの日本人の心の中にも多少あるのです。清治はそれをそっくり受け取りました。ですから後に彼は、『修養全集』という十二巻の本を出します。これは世界中の偉い人の話、逸話が入っていて、一〇〇万部以上も売れたすごい大ベストセラーの叢書です。マホメットも入っていれば、釈迦、孔子のお話、乃木大将の逸話、ナポレオンやワシントンなど、いい話が皆、入っています。宗教にかかわらず国にかかわらず、いい話を全部集めたのが『修養全集』です。面白いから一度、読んでみることをお勧めします。

『修養全集』の第一巻に折込の絵があります。そこには釈迦とキリストと孔子の三人が話し合っている絵が載っています。有名な中村不折が描いた絵ですが、その顔がいいのです。要するに、自分の心を磨くため、すなわち「修養」のためになるならば宗教は何でもいい、という考え方を象徴しているのです。

心学の歌に「分けていく　麓の道は多けれど　同じ高嶺の月を見るかな」とあります。山に登る麓の道は多いけれど、登ってみれば峰から見える月は同じだ、という意味ですが、これが日本の心学の理想なのです。野間清治はそれを果たしました。

私は山本七平さんが著した『ユダヤ人と日本人』を読んであることに気がつきました。それは、同書には日本人の面白い話がいくつも出てくるのですが、どれもどこかで読んだ覚えがある。そこで、日本で最も優れた知識人のお一人だった会田雄次先生と対談の機会があったので、「『ユダヤ人と日本人』に出てくるエピソードは、私が昔読んだ『修養全集』に出てきた話にそっている。きっと、山本氏も『修養全集』を読んでいたのではないか」とうかがったところ、会田先生も「おそらくそうだろう」とおっしゃるので後年、私は山本七平氏に確かめたところ「終戦後、フィリピンから復員してきた後に吉野の山奥にこもっていたところ、滞在した家に『修養全集』があり、それを読んでいました」とおっしゃられました。

それほど戦前は、日本の多くの家庭に講談社の本が浸透していたのです。

私が生まれ育った家は、東北の田舎の貧乏家でしたが、講談社の『キング』という大衆雑誌があり、愛読していました。その時は何とも思わなかったのですが、後から考えると、すごいことだと思います。

野間は『少年倶楽部』『少女倶楽部』の上の年代を狙った『キング』を創刊する時は、徹底的に市場調査をやり、工夫に工夫を重ねています。その結果、創刊号は一〇〇万部を発行すると取り次ぎ店に伝えました。当時、どんなに売れる雑誌だって一万部から始めるのが常識です。驚いた取り次ぎ店が「三〇万部なら引き受ける」と言うのを説得して、ようやく五〇万部にしてもらったのですが、瞬く間に売り切れ。再販して結局、七五万部が発行されました。

時代は大正です。今なら一五〇〇万部が売れたという感じです。また、『明治大帝』というぶ厚い付録をつけた号は一五〇万部を売っています。いずれも常識外の数字でした。

## 講談社のモットー「面白くなくてはならない」

　このように、講談社の雑誌は、出せば売れるという状態になったのですが、その背景には「読めば必ず、読者は良くなる」という確信に満ちた清治の情熱がありました。実際、『キング』を読むようになったら、家出した息子が帰ってきた、親不孝の娘が親孝行になったといったエピソードが編集部に多数、寄せられたそうです。本当に教化力がありました。

　その源となったのが、「少年部」という組織でした。ここでは野間の故郷から、自分のように向上心はあるが、お金がなくて学校に行けない子供たちを集めて育てる組織でした。と同時に、『少年倶楽部』に載せる小説、漫画など、すべてを少年たちに読ませて、彼らが面白くないといったら載せない、という方針を貫きました。

「立派なことは誰にも言えるのだ。だから自分の雑誌は全部、人のためになるような立派なことを載せるけれども、面白くなければならない。面白くない限りは絶対に、感化力は及ばない。だから面白くてためになるものだけを載せる」――これが講談社のモットーだったのです。

従って、講談社の雑誌には早くから漫画が入っていました。たとえ大人の雑誌でも笑い話や漫画、落語などを入れて面白くしていたのです。

それから絵本にも力を入れました。一流画家に依頼して高質の絵本をつくり続けましたから、これも売れました。

## 社会主義が奪う「自助」の精神

こうして、財力も桁違いになると、学問的に高い価値を持つ本を出し始めます。例えば、古典文学に本格的な注をつけた最初の叢書は、講談社が出しています。また、水戸光圀が編纂した『大日本史』を全巻、刊行したのも同社です。当事はまだ岩波書店も、中央公論社だって出していませんでした。講談社が一番早く出したのです。

ところが、大正時代も半ばに入り、ロシア革命が成立すると、世界中が社会主義にあこがれる気風が出てきました。社会主義をひとことで言えば、「天は自ら助くるものを助ける」ではなく、「国あるいは社会は俺を助けるものだ」という思想です。「自ら助けるものを天が助ける」という思想は、個人主義であり自由主義です。「俺は何もしなくても、国は俺を助けるべきだ」というのが社会主義です。社会主義というのは、それが共産主義であろうが普通の社会主義社会であろうが、全部、国家社会主義です。なぜかというと、社会主義国家の政策は、すべて税金でまかなわれます。税金は国家権力でまきあげるわけですから、国家社会主義でない社会主義はありません。

社会主義は、一番偉い人のいうことをきいて、あとは国がやってくれるだろうということに皆頼る。国を社会と言い換えてもいいのですが、そうした時代に世界中が入っていく。

すると、あのイギリスでも「修養」の本がなくなっていく。『セルフ・ヘルプ』（邦訳『自助論』）を著したサミュエル・スマイルズの墓も忘れ去られました。サミュエル・スマイルズが復権するのは「天は自ら助くる者を助く」という政策を推し進めイギリスの国力を回復させたサッチャー政権になってからです。

## 雄弁おとろえれば国がおとろえる

ソ連が崩壊し社会主義が一応の終わりを告げた今、日本はもう一度明治維新の時を迎えたと思いますから、今こそ「修養」の時代だと私は思います。

その「修養」というものを、日本に一番徹底的に宣伝し広めたのが、野間清治でした。

しかし、昭和十一年の二・二六事件以降、急速に日本は、議会でもほとんど言論がなくなります。皆、政府がやることに賛成し、社会主義的立法がどんどん通る時代になりました。その二・二六事件から半年後、清治は自叙伝を出します。その中で、余程、当時の軍部に腹を据えかねていたのでしょう、軍のことはいっさい書かれていないのです。日清戦争にも、日露戦争、第一次大戦にも触れていません。

後年、支那事変が起こった時に、野間清治が喜ぶかと思い支那事変の特集号をつくったら、「お前たちはこんな戦争をタネにしなければ増刊をつくれないのか」と怒られたという話が伝わっています。そして誕生したのが「痛快愉快、爆笑号」などと称した、暗い時勢を吹き飛ばす、楽しい話題を並べた特集号でした。

しかし、世の中はどんどん戦争の道を歩んでいきました。参謀本部が戦争をしたくないというのに、近衛内閣は支那事変を終わらせないのです。というのも、近衛さんの周囲には社会主義者がいっぱいいました。日中戦争のきっかけとなった盧溝橋事件から始まる一連の支那事変だけを見れば日本の圧勝でした。実際、近衛内閣も一度は戦争の不拡大方針を出しているのです。ところがその後方針を一八〇度転換して戦争継続に走ります。そこには、戦時体制にしておけば、どんな法律でも政府のいうとおりに通りますから、これで日本を国家社会主義体制にしようという社会主義者たちの思惑と陰謀があったと私は見ています。

そして、この支那事変直後の昭和十三年、野間清治は心臓発作で他界します。五十九歳でした。

『雄弁』を発行し、『講談倶楽部』の成功でほとんど日本の雑誌を制覇しはじめるまでわずか数年。その後、『少年倶楽部』などで完全に支配するまでにわずか十年ほどしかかかっていません。これはおそるべき成功でした。

野間清治は「言論は自由でなければならん」と、あくまでも雄弁を愛した人でした。こんな逸話が残っています。清治が自分の子供を連れて桐生の実家に帰郷した時でした。当時の列車はあまり混みませんから、「うちの子供に演説させてくれないでしょうか」といって乗客に頼み込み、車中で子供に演説をさせたくらい演説が好きだったといいます。

「雄弁おこりて国がおこり、雄弁おとろえれば国がおとろえる」というのが『雄弁』のスローガンでした。それが、清治の死後わずか二年で廃刊になります。言論の自由は統制され、日本は戦争への歩みを加速させる象徴的なできごとでした。

## 「修養」を広めた野間清治の大きな功績

戦後、講談社の常務さんが私にこんなことを話してくれました。ある時、韓国の大学の学長さんが、講談社を訪ねて来たというのです。来訪の理由を聞くと「自分が今日あるのは少年のころに講談社の本を見たからである。だから私は講談社を見たかった」と答えたそうです。

これと同じように、戦前、志を立てた少年で講談社の本を読まなかった人はないと思います。佐藤紅緑という作家がいました。佐藤愛子さんのお父さんです。この人が一番活躍したのが『少年倶楽部』とか『キング』でした。少年を奮い立たせるような小説を書いていたのです。

だから戦後、佐藤紅緑が、戦争に負けたのでもう俺の出番はなくなったと、東大のあたりを歩いていると、東大生が立ち止まって「佐藤紅緑先生ではありませんか。私は先生の小説を読んで志を立てました。ありがとうございました」とお礼を言われて非常に喜んだと、佐藤愛子さんが書いております。

実際、私たちもそうでした。佐藤紅緑の少年小説で、我々は少年がいかにあるべきかという概念をつかんだのです。それは正義感がなければならない、ということでした。

野間清治が、自分の創刊した『雄弁』がなくなり、弁論がすっかり働かなくなる時代を見ないで死んだのは、彼にとっては幸いだったかもしれません。

野間清治は、雑誌によって本当の「修養」というものを日本人に徹底させたと私は思います。これにより日本人の民度はものすごく向上したのです。

その意味で野間清治の果たした役割は極めて大きいものがありました。

最後に野間は会社も「修養の道場」と捉えています。自社の社員に向けて語った野間の言葉があります。

「一人の立派な人の存在は、一店一社を向上させ、発展させ、立派にする原動力である。……たとえ給仕であっても小店員であっても下に立派な人が是非欲しいものと思います。

『我れは年僅かに十八歳であるが、この十八歳の我れ一人を以て、この一社をこの一店を立派にしてみせる』というような人を得たいものであります。

その志だにあるならば、その人物さえ立派であるならば、年は若くとも地位は低くとも、自然に他を誘導し、周囲を薫化することができるのであります」

一人の立派な人の存在は、
一店一社を向上させ、発展させ、
立派にする原動力である。

# 第五講

# 私の自己修養法

## 読書が解消する地域差、貧富差

私は山形県の鶴岡市で生まれ、育ちました。今でこそ電車に乗れば、そう時間をかけずに行くことができますが、戦前の東北地方というのは本当に田舎でした。これといった娯楽もなければ、もちろんテレビもない中、商売をしていた関係で両親が忙しくしていましたから、私の話相手はもっぱら祖母でした。

祖母は昔話をたくさんしてくれましたが、いわゆる活字になってる洗練されたものではなく、もっと生々しい土着的な話です。例えば、産み月になっても赤ん坊が生まれない妊婦がいました。困惑したその妊婦は、もの知りの和尚さんに相談したところ、「それはきっとヘビの子だ。盥《たらい》に水をはっておきなさい」と言われ、その盥にまたがったところ、ヘビの子が生まれてきた、というような話ばかり聴かされました。

従って、親族から学者や実業家などを何人も輩出している都市部のエリート層とは、まったく違った文明圏で育った感じがします。しかし、そうした方々と対談などで、ご一緒させていただいても、まったく違和感がありません。

何故か、と考えてみると、私の父が何でも本を買ってくれたからです。決して豊かな家ではなかったのですが、本だけは父親のツケで買うことができました。すなわち、都会の知識階級の家庭で育った子供たちと同じ知識を得て育つことができたのです。

従って、読書は、最高の平等論者ということができます。慶應義塾を創設した福澤諭吉は、『学問のすゝめ』の中で「天は人の上に人をつくらず、人の下に人をつくらず」と言ったあと、「しかし差はある。それは学問があるかないかだ」ということを述べています。その差を埋めるものが本であり、どんなに貧乏な家に生まれ、僻地で育とうと、読書の質が変わらなければ、一向に引け目を感じることはない、ということを実感しました。

## 私を成長させた講談社の本

私が入学した小学校は昔の藩校でした。

鶴岡は江戸時代、庄内藩と呼ばれ、徳川家の三河以来の旧臣である酒井家が藩主を務めた土地柄です。そのため、幕末の戊辰戦争では会津藩と並んで最後まで官軍に抵抗して、やがて孤立し降伏するのですが、最後まで抵抗した以上、藩主の切腹は免れないだろう、と誰もが思っていたところを救ってくれたのが西郷隆盛でした。西郷は最後まで忠節をつくした庄内藩を高く評価し、藩主を賓客《ひんきゃく》のごとく扱ったのです。これに感激した藩士が明治維新後、西郷を尋ねて聞き書きした言葉をまとめたものが『西郷南洲翁遺訓』です。この書は旧薩摩藩の人間がつくったのではなく、敵方の人間がつくったところにも西郷さんの人間性が表れています。

その後も鶴岡では、西郷さんは誰からも尊敬され、私も小学生のころ、有名な西郷さんの「幾たびか辛酸を歴《へ》て志始めて堅し。丈夫玉砕して甎全《せんぜん》を恥ず。一家の遺事人知るや否や。児孫の為に美田を買わず」という詩などを暗記させられました。

その助けられた藩主の酒井家は明治以降、東京に本邸がない唯一の旧大名家です。明治後はどの旧大名も東京に豪壮な屋敷を構えていました。しかし庄内藩だけは家老クラスをはじめ上級武士もすべて旧藩主とともに庄内に居住していたのです。

上級武士は旧幕時代の一番の知識階級でした。従って、その子孫も当然、土地の知識階級です。しかも、東京に藩主の本邸がありませんから、そういう人たちの子孫の数も他の土地に比べれば鶴岡市に多い。そうした子供たちと、貧乏商家の小倅が一緒の小学校に通っていたのです。

彼らは小さい時から躾けられていますから、第一に行儀が良い。それから字が上手なんです。鶴岡は書道が盛んな土地で、新年には必ず「貼り書き」と称していましたが、全校生の書き初めを廊下に貼り出していました。年に一度の子供たちのオリンピックのようなものです。結果は、上位に入るのはほとんど旧藩士の子孫でした。私はずっと下のほうでした。

また、勉強の良くできる優等生も、一年生から四年生ぐらいまでは大半が旧藩士の子供たちです。ところが、五年生になるころから旧藩士の子弟の優等生が減りはじめ、代わって、商家などの子供たちが成績を伸ばしてくるのです。その結果、六人ほどいた同級生の中で、旧制中学に合格した旧藩士の子弟は、たった一人でした。

私の場合は、父親の商売がうまくいかなくなり金銭面の苦労があったとは思いますが、無事、中学に合格し、なんとか通うことができました。

「小学校の低学年では優秀だった連中が、なぜ小学校高学年になったら成績が下がったのだろう」と私は考えました。そして後々、思い当たったのが、私が愛読した講談社の本を、彼らは読んでいなかったのだろう、ということです。

旧藩士の家庭では、学校の教科書などのカタい書物以外は子供に読ませなかったのではないか、ということです。子供同士の本や雑誌の貸し借りに旧藩士の家の子たちはほとんど加わらなかったと思います。家で読ませてもらえなかったからでしょう。江戸時代から武家は草表紙や滑稽本などは読むものではない、という風潮が根強くありました。それに対して私ら庶民は、前講でも紹介した通り、講談ものや素晴らしい絵本の講談社文化に、どっぷり浸ってきました。すると、五年生ぐらいから作文の能力に、明らかな違いが出てきたのです。端的な例は、ボキャブラリーの豊かさに圧倒的な差が生じていたのです。

このことからも、読書の大切さを痛感しました。

## 理想とした高校時代の恩師の学究生活

こうして私は、中学に入学しました。この中学は途中から戦後の学制改革で新制高校に移行するのですが、戦時中に軍需物資に関係するものを扱っていた父親は商売が続けられなくなり、その上の学校には行けそうにもありませんでした。そんな私の心の支えになったのが、当時、現在の山形大学にいらした田中菊雄先生のエピソードでした。先生は小学校もろくに出ていません。しかし、独学で勉強し、当時「専検」「高検」と呼んでいましたが、旧制中学、旧制高等学校・専門学校の先生になることのできる検定試験を見事、パスするのです。

私は、この快挙を先生がお書きになられた本を読んで知り、「学校に行かなくてもこうした道があるんだ」と、自らを励ましていました。幸いにして、私が卒業する一年ほど前から、父が仕事に就き、大学に行くことができたのですが、合格後に波乱が待っていました。入学して半年後に父が無職になってしまったのです。一年目の授業料は前もって払ってありましたが、二年目からの授業料のメドが立たなくなってしまったのです。

そこで私は、育英会の奨学金を申請することにしました。しかし、入学して半年もたってから申請すると手続きが難しく、貰えないケースも多々ありました。こうした不安をかかえながらも、私の「どうしても勉学の道にすすみたい」という思いは、ますます強くなっていったのです。


そうした強い志を授けていただいたのは、高校時代に、私が英語を教えていただいた恩師でした。

高校時代のある日、仲間と一緒に先生のお宅にうかがったことがあります。その時、私は書斎のある家を初めて見ました。書斎には本がビッシリと並んでいました。イギリスで出版になった百科辞典、スタンダードの厚い英和辞典。先生の家は学問のある武士の家系でしたから和綴じの本も積まれていました。そして窓を開ければ、小川が流れ、その先には藤沢周平も描いた五間川《ごけんがわ》（青龍川）です。また、先生は鉄砲がお好きで、猟銃や猟犬に関しては日本有数の権威でした。さらに碁が強く、鶴岡でも一、二番を争う実力の持ち主で、書斎の隅には碁盤が置いてありました。

私は先生の書斎におじゃました時、いつか私もこうした生活がしたい、と強く思ったのです。

しかし先生も、こうした生活を簡単に手に入れたわけではありません。庄内藩の武士の家柄でしたが明治維新で没落し、中学に行けませんでした。そこで独学で検定試験を通り、当時、授業料が不要だった東京高等師範学校（戦後の東京教育大学、現筑波大学）を卒業された努力の人でした。この点も私が心酔した大きな理由です。

## 授業料免除のためにオール一〇〇点を目指す

こうした先生の軌跡を知っていましたから、授業料が納められなくなる不安の中で、私は授業料免除の道を目指すことにしたのです。上智大学には、各学科で成績がトップになると翌年の授業料が免除される制度がありました。

しかし、そうなると同級生と競争しなければなりません。すると、そこに競争相手である同級生に対して嫉妬や疑心暗鬼が生まれる可能性があります。そうなることが嫌で私は、いろいろ考えたすえ、全学科で満点をとることにしたのです。これならば、同級生の動向を気にしなくてすみます。

それからの私は、授業では必ず一番前に座ってノートをとり、少しでもわからないところがあれば、次の授業で質問して納得するまで勉強しました。大学で、ここまでやる学生はあまりいませんが、私は四年間続けました。この間、東京では一度も喫茶店にも映画館にも入りませんでした。空いた時間は神田などの古書店街を回り、これはと思う本を買って読みました。

こうしてオール満点を目指した生活を始めると、徐々に勉強方法が身に付き、先生の言っていることが簡単に理解できるようになりました。その結果、すべての科目で高い点がとれるようになり、成績順がトップであることはもちろん、卒業の時は二番目の生徒との総合点の差が百数十点以上あったと思います。

今、振り返ると、辛い四年間でしたが「よくやった」という思いが強いです。一番いい道を選んだと思います。

そして、一〇〇点だけを目指せば、他のことは考えなくてもよく、他人の動向を気にすることもなくなる、という一種の悟りを開いたと思います。

こうして、まず二年目の授業料が免除になると、合わせて奨学金の支給許可がおり少しは生活に余裕が出るようになりました。

## 災い転じて福となす

すると、大学二年生の時に、飛躍のチャンスが訪れました。

ウチの大学にアメリカ留学の話が来たのです。候補の一番手はもちろん学業成績一番の私でした。ところがアメリカ人の教授が反対して、私は行けませんでした。その理由が「社交性がない」ということでした。その教授が私を社交性がない、と判断した根拠は、服装がだらしないこと、交際範囲が狭く〝遊んでいない〟というものでした。これは、日本の処世の道徳とは相反しますから、愕然としました。

しかし、捨てる神あれば拾う神ありで「留学するならヨーロッパのほうがいいだろう」とおっしゃっていただける先生がたくさんいらしたようで、後にヨーロッパに留学させてもらうことができました。これは、アメリカに留学するより余程よかったと思います。

仮に大学二年生でアメリカに留学していたら、その後のヨーロッパ留学はなかったと思います。当時、ヨーロッパ留学はアメリカに留学するより何倍も難しいことでした。アメリカにはフルブライトをはじめ、いくつも留学を支援する制度がありました。しかしヨーロッパ向けには、そんな便利で大規模な制度はありませんでした。

そして、ドイツ、次いでイギリスのオックスフォード大学で学びました。当時は外貨の持ち出しができない時代でしたから、どんなお金持ちでも留学できないところに、無償でたっぷり留学させてもらって、今考えるとこれ以上の幸せはないと思います。

その後、アメリカには客員教授で行き、六つの大学で教えましたから、結局、アメリカへの留学分は取り戻して、お釣りがきたような感じです。

## もっといい幸せが来るために今の不幸がある

従って、何が不幸で、何が幸せかはわかりません。最初にアメリカに留学していたら、ヨーロッパの知識は学べなかったかもしれません。それが、英文科であるにもかかわらず、ドイツの大学に行かざるを得なくなり、そのおかげで、普通の英文科の人とは比べ様もないほど、ドイツ語も上達しました。また、私の専門分野でもある英語学は、ドイツが発祥の地で、当時ドイツの英語学のレベルは世界最高峰でしたから、この積み上げられた業績を私は簡単に利用できました。ところが英語圏に留学した人は、この世界最高レベルの業績が簡単には利用できなかったのです。

さらに、オックスフォードに留学することも、当時はなかなかできないことでした。私がオックスフォードに在学中に日本からの留学生はいませんでした。たった一人見受けられた日本人は東京銀行の支店長の娘さんで、ロンドン在住だから入った方でした。一方、ケンブリッジ大学に日本人の秀才がいる、というので確かめたら外務省から派遣された外交官でした。後日、調べたら現外交評論家の岡崎久彦氏でした。

このように、外交官でも難しい時代に、私は学校の支援で無料で留学できたのです。私があの時、仮にアメリカに留学できていたら、この幸せはありませんでした。だから私は学生にも諭すのです。「どんな不幸でも、不幸だと思う前に、もっといい幸せが来るために今の不幸があるのだと思いなさい」と。女性にフラれたら、「もっといい女性が現れるために、今フラれておかなければならなかったんだ」ということです。

実は、こういうことは少なからずあることです。結婚などもそうかもしれません。私なども、しょっちゅうフラれていましたが、今、思うとフラれてよかったと思います。

というのも、私はドイツから帰ってきて、大学の図書館に住んでいました。家賃もかからず、静かで勉強もできる最高の環境だったのです。しかし世間はそうはとりません。「図書館などに住んでいる変わり者に娘はやれない」と、縁談が潰れたこともあります。これがかえって良かったのです。幸運にも今の家内と出会い、家もできました。

家内は、指揮者の小澤征爾さんと同級の桐朋学園音楽科の一期生です。ピアノを教えたこともある音楽家でした。私にとっては、かけがえのないパートナーが見つかったのです。

## カトリックがわかれば、すべてがわかる

私は西洋が他の文明圏と違う特徴は三つあると思います。

一つは宗教。キリスト教ですね。もう一つは、いわゆる文献に書かれたもの。哲学や文学など、広い意味でのリテラチャーと言われるものです。それともう一つが音楽です。

私は幸いにしてカトリックの大学に入り、そこで哲学などを教えてもらいましたから、カトリックの立場はよくわかります。神学も少しはわかりました。これが日本人で西洋を研究するために、どんなに有利であったかわかりません。というのは、キリ

スト教は中世までカトリックしかありません。ローマ帝国が潰れた後、いわゆる西洋をつくったのはカトリック教会です。ローマ帝国が大きいといっても、北はライン川までです。また、イギリスもたいした影響を受けているわけではありません。大学などどこにもありません。それが中世に入ると、カトリック教会のもとで、オクスフォードにもケンブリッジにもパリにも、サラマンカにも、さらにはチェコのプラハにも、いわゆる現在ある大学がつくられていきます。いわゆる西ヨーロッパというのは、すべて中世カトリックの時代につくられました。

それが後に、宗教改革が起こり、さまざまな宗派にわかれていきますが、カトリックだけは初めから同じように存在しています。従って、例えばカトリックのどこが不満でこの宗派ができたのか、など、カトリックから見ると、さまざまな宗派の違いがよくわかります。いわば、カトリックは、キリスト教の座標軸です。

ところが、カトリックがわからないと西洋の根本的なところが理解できません。プロテスタントでも無数の派がありますから、ある派に入ると、それぞれの違いが非常にわかり難いんです。カトリックから見ると、カトリックとどこが違うか、これは非

どんな不幸でも、
不幸だと思う前に、
もっといい幸せが来るために
今の不幸があるのだと思いなさい。

常によくわかるんですね。

また、哲学書を読んでも、この人は何宗派の人かがわかればだいたい言っていることは全部読まなくてもわかります。例えば実存主義。実存主義とは何ぞや、と問われて答えられる日本人は多くはありません。しかしこれは、宗教が強いフランスなどで、神様抜きで考えたら物事はどうなる、ということを言ったに過ぎません。

こうしたことがカトリックを学ぶとよくわかり、哲学の専門家と話してもそうおかしくないぐらいの知識を得ることができました。

また、ものを読む、いわゆる広い意味のリテラチャーの世界は、私は本職ですから、欧米の専門家にも、ひけを取らないくらいの勉強はできていると思います。

## 一流の専門家の教え方が子供をその気にさせる

ところが、私の知識で決定的に欠けていたのが音楽でした。小さい時から親戚が集まっても飲み食いするだけで、唄の一つもでない。そんな環境で育ちましたから、私も音痴で、小学校の学芸会で歌を唄う時も、先生から「お前、口だけ動かしていろ」と言われるクチでした。

そんな私が、いわばセミプロの音楽家を妻に迎え、子供も三人いますが、全員、受験勉強はさせない建て前になっていましたから、何か習い事でもと、音楽を習わせることにしたのです。ところが、妻のコネでついた先生が、皆、一流の音楽家でした。

すると、教え方が素晴らしいですから、学校のいかなる授業よりも、胸にグンと来るものがあるのです。「わかった」という感じになります。例えば文学では、シェイクスピアの原文を読むことは大学の英文科に行かなければなりません。子供たちには原作を子供向けにアレンジした物語を読んだり、聞かせたりします。ところが音楽は、どんなに小さい子供でも、モーツァルトやシューベルトが作曲した原曲そのものを教えます。すると、先生が一流になればなるほど、子供の理解力が半端なレベルでないところまで高まり、皆、音楽家になりたいなどと思ってしまうのです。実は、偉いのは子供ではなく先生の教え方にあるのに、です。

## 子供の人生を豊かにする財産の使い方

そのためレッスン料も、他の習い事に比べて高額です。しかも楽器そのものが高い。特に弦楽器はびっくりするほど高い。私はこれらの費用をすべて、借金でまかないました。幸い、子供が大きくなるころの日本は高度成長期で、緩やかなインフレの時代ですから助かったのですが、デフレの今なら大変な思いをしていたかもしれません。

さらに、自分の勉強に必要な本も、借金をしてでも購入しました。親子で買いまくるから借金は膨らむ一方です。

これには、理由があります。それは、アメリカの作家でジョン・オハーラの書いた『エリザベス・アプルトン』という通俗小説に、こんな話が出てきます。

ある大学教授がいました。彼は絵画を集めるのが趣味で、大した絵ではないんですが、相当な金額をそれに当てていました。彼には息子がいて、その息子が麻薬か何かやって捕まってから嘆くのです。「僕が学生のころ、ヨーロッパの大学に行かせてくれと頼んでも、その費用を親父は出してくれなかった。もし、あの愚にもつかない絵画収集なんかにお金をつぎ込まず、そのお金で僕をヨーロッパに行かせてくれていたら、僕は今、こんなことになっていなかったのに」と。

私は、この部分を読んで胸に突き刺さるものがありました。だから、もし私がお金を貯めて、たくさんの財産を子供に残したとしても、その時に子供は相当、歳をとっていて人生の半ばを過ぎているだろう。ならば、今、音楽家になりたいというなら高額でも、いい教育を与えたい。私も必要な本は、購入する。そうすれば図書館に行かなくて済み、時間の節約にもなる、ということで、お金を使うことに躊躇しない、という方針にしたのです。

この私の決断は、今、考えても正解だったと思います。男の子二人は音楽で食べていますし、娘は結婚して海外暮らしですが、イギリスのロイヤルカレッジ音楽院の大学院を卒業しているので、大英連邦ならどこでも教えることができます。夫の赴任先で子供たちにピアノを教えたり、教会のパイプオルガンを弾いたりしているようです。

このように借金のお陰で、ウチの子供たちは、好きな教育を受けることができました。また私も、研究者として恵まれた蔵書が持てました。たとえ、その借金を払い終えたのが退職後だとしても、よかったと思っています。

## 夜中から始めた世間を知る勉強

反面、私はお金について、非常に堅実な面も持ち合わせていました。

私は大学四年間、大学院へ進むことを目指していましたから、専門の勉強ばかりしていて、世の中の常識には疎いところがありました。特に経済関係の感覚・知識は乏しく、心配した恩師が、私が大学院の入学を決めると、院生になっても収入が得られるようにと、九段にあったカトリック系女子中学の英語教師のアルバイトを見つけてくれました。当時の大学院は午後遅くと夜しか授業がなかったですから、午前中の二時間だけ教えればいい、好条件でした。

こうして私のアルバイト生活は始まったのですが、寮に帰ると同級生たちが就職志望先の情報収集などをして飛び回っています。当然、彼らのほうが、私などに比べると桁違いに世間のことや経済知識が豊富です。彼らの中にはその後、銀行や大企業に就職して出世した者が何人もいます。そうした中、一人の友人から「ナベさんもとうとう女の子の先生になるのか」と言われたんです。大学院生ではあるけど、職業としては女の子の先生です。「なるほど、そうか。いつまでも学生気分ではいられない。生活する人間として自立しなければ」と思い、世の中を動かす経済の勉強を始めました。

といっても学校の勉強もありますから、午前零時までは大学の勉強を行い、零時が過ぎたらできるだけ実践的な経済の勉強をしようと決めて、実行しました。最初に読んだ本は『家を富ます道』。著者は小学校しかでていないものの、その後、成功し貴族院議員になった人です。商売の手の内が書いてありました。『財運はこうして掴め』なんていう本も熟読しました。しかし、益を得るためには元手が必要です。その元手は、蓄財の神様とも言われた林学博士の本多静六先生の『私の財産報告』からヒントを得ました。

## 父親に預けた貯金がゼロに

大学院生時代は、奨学金でなんとか生活ができましたから、英語教師の給料の半分は両親の元に送り、半分は貯金しました。そして、その貯金をもとに、株を買いました。当時は高度成長期で、午前零時から本を読んで勉強した知識であっても、信じられないほど儲かりました。その儲けを元手にさらに買う、ということを繰り返したら、大学院を終えるころには都心で百坪ほどの土地が購入することができるぐらいの貯金ができました。

そうした時、ドイツへの留学が決まりました。そこでたまった貯金で土地でも買っておけばよかったのですが、姉の意見で父親に預けることにしました。しかし、私は心配でした。父親は気はいいのですが、子供にツケで本を買ってやるほどですから、経済観念はゼロに近い人。それを子供のころから見てましたから、最初は姉に預かってくれと頼みました。ところが姉は「お父さんに預けると喜ぶよ」と言うのです。

当時、息子が留学するなどというと、親は「いつ再び会えるかわからない」といった感覚で送り出していましたから、姉の一言は私には効きました。そこで仕方なく父親に預けることにしたのですが、これが大失敗。留学の半年後に母親が亡くなったこともあって、父親を抑える人間がいなくなりました。すると父親はたちまち気ままな生活を始めてしまったのです。

そんな事態が日本で起こっているとは夢にも思わず、私は留学生活を続けていました。ところがそのうち、ちょっとした本を送ってくれと手紙を送っても、お金が足りないと言ってくるのです。おかしいと思いました。というのは、私は日本を離れる前に、英語教師をしている女子中学校に行って、給料は全額、実家に送ってくれるよう頼んでいたからです。お金はあるはずでした。

結局、私が帰国した時には預けたお金はゼロになっていました。ただし、日本を出国する前に、こんな事態に陥ることも考えられなくはないと、一部の株券を知人に預けておきました。それが再出発の元手になるのですが、私が学生時代や大学院生時代に一番苦労したのは、授業料が無料で奨学金で何とか生活できる私自身ではなく、親の生活費でした。私は大学院に入った時に親の面倒は私がみようと決めていたからです。

## 親の面倒もみれないようでは、一丁前とはいえない

そこで、学生のころは夏休みに入る前に前払いしてくれる奨学金を持って浅草橋に行き、夏祭で売っている子供の玩具などを大量に仕入れ、鶴岡に帰郷すると各地で行われる夏祭の露店で売りました。浅草橋には、こうした玩具問屋が集まっていたのです。

祭が行われる神社に泊めてもらい、午後から夜にかけて商品を並べると、娯楽が少ない時代ですから子供たちが買ってくれるのです。こうして、何か所かのお祭を回って夏休みが終わると、そのお金は全部、実家に置いて東京に帰ってきました。こうした夏休みを私は四、五年続けました。

私は長男でしたが、長男が親の面倒をみることは、当時としては常識。しかし、そ

れを強く意識したのは、前述した本多先生の本を読んでからです。そこには、「どんな世界でどんな成功をおさめようとも、親の面倒もみれないようでは、一丁前とはいえない」という主旨のことが書いてありました。本多先生は明治の感覚で書かれたわけですが、私の感覚と一致していたのです。

そのため、英語教師をしていた中学も留学中の三年間は、給料を払ってくれる約束でしたが、それ以上は無理だ、ということで、私はもっとヨーロッパにいたかったのですが、三年で帰国しました。

しかし私は三年で帰国してよかったと思っています。というのも、私とほぼ同時期にドイツに留学した男は、ドイツで経済学博士号をとり、その後もドイツに止まって日本企業の現地駐在員として高額の給料をもらっていたのですが、日本が高度経済成長を続けると、日本にいたほうが高い給料をもらえるようになりました。こうした現象は海外の各地で起こり、やがて皆、帰国してくるのですが、大学が受け容れるわけはなく、帰国後は不本意な生活のようでした。その点、私は、高度経済成長が始まる前に帰国し、日本の成長の恩恵を受けることができたのです。

人生というものは例えて言えば、碁のようなものだと思います。死に石だと思っていた石が、最後には生き返ることもあります。しかも人生の碁というのは、碁盤が一つではなく、本人の努力次第で、もう一つ碁盤を継ぎ足すこともできる碁ではないでしょうか。だから、ある時悪い、と思っても、しばらく経つと、その考えが「良かった！」となる経験を私は何回もしています。

従って、大学受験に落ちても、縁談に失敗しても、この失敗がなければ、次の幸運が訪れることはなかった、と思うことにしなさいと若い人たちに私は忠告しています。

## 政治に目覚めた「六十年安保」

私は世の中を知るために政治も深夜の時間を利用して勉強しました。そうした中、起こったのが、昭和三十五年に起こった「六十年安保」です。岸信介内閣が行おうとした「安保改定」（日米新安全保障条約の調印）を阻止しようと、毎日、津波のようなデモが国会も取り巻きました。大学の教授たちもたくさんデモに参加しました。

私は当時、ヨーロッパから帰ったばかりでしたが、「何、バカなことをやっているんだ」と思っていました。岸さんのやろうとしている安保改定は正しいと考えていたからです。というのは、昭和二十六年のサンフランシスコ講和会議の時に締結された旧安保条約は、アメリカの日本防衛義務が明文化されておらず、日本の国内紛争にアメリカ軍が介入できる――など、とても日米両国が平等な立場に立った条約ではありませんでした。それを、アメリカ軍の日本防衛義務を入れるなど、ほぼ平等な条件の条約に変えようというのですから、反対する理由がないのです。

憤慨した私は、「岸首相を励ます会」というのをキャンパス内でつくりました。岸首相に励ましの手紙を出すぐらいしかできませんでしたが、今でもあの安保改定は正しかったと思っています。あの改定があったからこそ、その後の高度経済成長が可能になり、今日まで平和なのですから。

## 成果の大きい本多流蓄財術を実践

また経済の勉強で一番よくわかったのは本多先生の本です。経済とは、このように考えるべきだ、というものが明解に書かれていました。

それは、人はどんな安い給料でも、四分の三で生活できる、ということです。例えば新入社員が初任給を二〇万円もらったとします。すると一五万円で絶対生活できる、と本多先生は言うのです。そして余った五万円を貯金する。ボーナスも全額貯金する。こうして三年も経てば、二〇〇万円近い貯金ができるはずです。

すると、貯金には利子がつきますから、こうした恒常的に入る利子や配当は、その四分の三は生活費に組み入れてよい。また、臨時収入は一〇〇パーセント貯金する

——これが本多先生の蓄財術の基本です。

私もほぼ、この線で実践しました。すると、経済的感覚が、全然やらなかった人たちと違ってきます。堅実になってきます。

このように、私の経済の勉強は、経済学ではなく、極めて実践的なものでした。

本多先生は、こうも言っています。何らかの理由で長期保有している株でも、株価が元値の二倍になったら半分、売りなさい。そうすれば残りの株がゼロ値になっても損はない。そして、値上がりを狙って購入した株なら、二割値上がりして儲かったら欲をかかずに売りなさい、と。これも私は、できる限り心掛けるようにしていました。しかし株は田中内閣のころから性格が変わったと思うので、まったくやっていません。

## 留学生支援で国際的英語学者の輩出を目指す（私のささやかな慈善事業）

また私は、スイスの法律学者のヒルティにも影響を受けました。彼は、ある孤児院にAという子供が入ったら、その子供のためにお金を出してやり、その子供が成長して就職したら、Bという孤児に同じことをする、という慈善活動を七十七歳で亡くなるまで続けた人です。

これなら私でもできるかな、と思いました。画一的ではなく、いろいろな形での個人の慈善活動があったほうが、弱者のきめの細かいフォローができます。

これと正反対なのが社会主義です。社会主義はすべて国家がやってくれるだろう、という考え方です。だから皆、人だのみになって、それが極端までいくと、どんな国でも潰れることはソ連を見ればわかります。

私は、私有財産を徹底的に重視しないといけないと考えます。その私有財産は何かいいことに使うべきです。だから篤志家が大きな育英会や病院をつくるのは大変いいことですが、普通の収入の人はそんな大袈裟なことはできません。そこで、自分の好きなところに寄付をするのがいいと思うようになりました。私は、自分が確実に効き目があるところを知っていましたので、そこだけにやりました。

作家の曽野綾子さんは、ご自身の母校である聖心女子大学の出身者がアフリカで行っている慈善活動のための寄付を欠かしておりません。金額は政府のＯＤＡなどに比べるとわずかですが、現地で活動している人のもとに直接、届けられるお金や物資ですから、その効果はＯＤＡを上回るといっても過言ではありません。

私も曽野さんを見習い、英語学の分野でイギリス、アメリカ、ドイツなどの英語学の一流国で、修士や博士号を取得する人材を養成したいと思いました。そこで、娘がイギリスに留学した時の費用をもとに、年間一人当たりどのくらいの費用が必要か計算したところ、百五十万円あれば足りることがわかりました。

私は四人目の子供がいると思って、そのお金を留学生のために遣おうと決めました。ほぼ二十年前のことです。

また、金銭面のサポートだけではなく、ソフト面でのサポートも行いました。例えば私は年間、四～五冊の論文を掲載できる雑誌を発行しています。この雑誌は、国際的な科学機関に登録していますから、学生の国際的な業績になります。また、交流の場が欲しいという彼らの要望を受けて、麹町のマンションの一室を借り、いつでも使えるようにして退職まで続けました。

このように、どこにお金を遣えば効果があるかを見極めれば、わずかな資金でも慈善活動はできるのです。

以上、私のささやかな人生体験と修養法の一端をご披露しましたが、いずれにも、多くの先人から学んだ示唆や方法を、ひたすら実践してきたに過ぎません。

目標を達成するためには、障害となるさまざまな欲望を抑えて自己を律し、しかもそれを継続させて実力を貯め込むことを説いた新渡戸稲造。

他を頼るのではなく、自らの知恵と工夫、そして行動力を発揮する者のみに成功がおとずれることを、多くの事例をもとに示唆したサミュエル・スマイルズ。

人間を医学的見地から総合的に解明しながらも、未だに解明できない領域が山のようにあり、しかも肉体を超えた精神の世界が存在することを示すことによって、人間の大きな可能性まで言及したアレキス・カレル。

そして、「面白くなければ絶対に感化力は人々に及ばない」と、誰もが親しみのもてる物語に、人間の勇気や優しさを込めた本を発行し続けた野間清治。

いずれにも共通することは、高い志と不断の努力、そして、それを続けることの大切さ、さらに付け加えれば個人一人ひとりを他にかけがえのないものとして大切にしていることです。

皆さんもぜひ、先哲に学び、一人ひとりの人間力を高めていかれることを熱望します。

〈著者略歴〉
渡部昇一（わたなべ・しょういち）
昭和5年山形県生まれ。30年上智大学文学部大学院修士課程修了。ドイツ・ミュンスター大学、イギリス・オックスフォード大学留学。Dr. phil., Dr.phil.h.c. 平成13年から上智大学名誉教授。幅広い評論活動を展開する。著書は専門書のほかに『四書五経一日一言』『渋沢栄一　人生百訓』『「名将言行録」を読む』『論語活学』『歴史に学ぶリーダーの研究』『歴史を知らない政治家が国を亡ぼす』。共著に『上に立つ者の心得――「貞観政要」に学ぶ』『子々孫々に語りつぎたい日本の歴史2』『生き方の流儀』『国家の実力』（いずれも致知出版社）などがある。

「修養」のすすめ

平成二十三年十月十五日第一刷発行

著者　渡部　昇一
発行者　藤尾　秀昭
発行所　致知出版社
〒150-0001東京都渋谷区神宮前四の二十四の九
TEL（〇三）三七九六―二一一一
印刷　㈱ディグ　製本　難波製本
落丁・乱丁はお取替え致します。（検印廃止）


ISBN978-4-88474-943-9 C0095
ホームページ　http://www.chichi.co.jp
Eメール　books@chichi.co.jp